リーガル・カウンセリングの理論と臨床技法

中村芳彦
和田仁孝
石田京子
岡田裕子
早坂由起子 著

Theory and Clinical Skills on Legal Counseling

北大路書房

はしがき──リーガル・カウンセリングの理論と臨床技法を学ぶ

　弁護士実務および隣接法律職の業務は，単に法的な知識や推論の技術のみで成り立っているわけではない。クライアントとの間に信頼関係を創り出し，必要な情報を聴取し，法的な知識・技術を動員して，その抱える問題にもっとも適切な解決策を模索していくことが弁護士・隣接法律職の役割であるとするなら，クライアントとのコミュニケーションの技法も，弁護士・隣接法律職にとって重要なスキルであることに異論はないだろう。受任を前提としない法律相談の場面でも，弁護士が代理人として訴訟を進めるための面談の場面でも，適切なコミュニケーションによる信頼構築，情報収集，助言・指示ができなければ，法的技術もうまく機能しなくなってしまうからである。

　こうしたクライアントとのコミュニケーション技法の問題は，これまでは実務の中で自分なりに自然に身につけるものとされ，十分に検討されることはなかった。若い弁護士・隣接法律職にとって，実務上，まっ先に課題となる問題であり，適切なモデルへの要求・ニーズが強かったにもかかわらず，正面から扱われることはほとんどなかったのである。それは「知識」というより「技法」であって，それゆえ，言語による伝達・教育には，確かに困難な面があったからである。

　しかし，アメリカのロースクールにおける「ロイヤリング」の授業の一部として，また，いまひとつの専門職である医師教育の領域で，カウンセリングや臨床心理学の成果を応用しながら，クライアントと向き合うコミュニケーションの技法について実践的教育が行われている。わが国においても，医師教育の領域では，早くからそうした授業が設置されているし，法科大学院教育の領域でも，次第にその重要性が認識されてきている。

　こうした意味でのリーガル・カウンセリングというテーマがわが国で最初に提示されたのは，1992年に新堂幸司・小島武司・井上正三の諸先生が主宰する「交渉と法研究会」においてである（濱野・和田1993a,b，和田1991）。当時，法学界においては，いまだ「カウンセリング」という用語への反発が強かったが，その後，伊藤博氏の技法論に踏み込んだ論稿（伊藤1997）や，菅原郁夫教授，弁護士等による法律相談研究などの成果（菅原2003）が蓄積され，現在では，

その重要性が理解されるに至ったと言ってよいだろう。本書は、このリーガル・カウンセリングについての研究蓄積を背景に、学際的理論に裏打ちされ、かつ現場の実務的要請に応答的な技法教育のテキストとして書かれたものである。

　本書を通じて、リーガル・カウンセリングの技法について学ぶ際、とくに留意して欲しい点が2つある。

　第1点は、ここで学ぶ技法が、単なる「マニュアル」ではないという点である。あくまでも、それはひとつの原型であって、具体的な状況に合わせて、応用的に柔軟に適用されることを前提としている。いわば、実務の中で自分自身のコミュニケーション・スタイルを構築していく際に、また個々の場面で適切な応対を工夫していく際に、客観的な視点から評価し位置づけるための「マップ」として役立つものにほかならない。ドライビングの技術が、基本的な技能の習得を前提としながら、雪や雨、渋滞した道路や高速道路で、臨機応変の応用を必要とするのと、それは同じである。

　第2点は、技法は、適切なクライアントとの応対について、直ちに解答を与えてくれたり、保証したりしてくれるものではないという点である。いくら優れたドライビング・テクニックを持っていたとしても、それがいかなる目的のために、何をねらいとしてなされるかによって（たとえば、レース、通勤、レジャーなど）、その評価は異なってくる。クライアントと向き合い、コミュニケーションを取っていく際にも、その目標、ねらいについて適切な構えができていてはじめて、これらの技法は活きてくるのである。

　そこで、本書の第1章では、リーガル・カウンセリングの技法が活かされるための前提として、「弁護士・隣接法律職の役割とは何か」、「紛争状況におけるクライアントのニーズは何か」、「弁護士・隣接法律職面談とはそもそもどのような構造を持った過程なのか」、といった点を検討し、さらに法律家にとって示唆を含んだカウンセリングの基礎的理論についても簡単に解説をする。第2章以降では、クライアントとの面談が進展する時系列的展開に沿って、有益なリーガル・カウンセリングを構築するために必要な様々な技法を、順次、具体的な事例を素材としながら検討し、学んでいくことにする。もちろん、個々の段階で、必要となる法的課題、実務的ポイントも、同時に扱われる。

　原則として、スキル・プレイ、ロール・プレイによる実践的教育の実施を前提としたテキストであるが、個々の事例・課題ごとに自習してもらうことも、また友人と実際にスキル・プレイを行ってみることを通して、その意義を理解

してもらうことも，可能であると考えている。

　さて，この序文の中では，リーガル・カウンセリングの具体的な定義や中身については，あえて言及を避けた。以下，順次，学習を進める中で，リーガル・カウンセリングとはどうあるべきかについて考え，弁護士・隣接法律職の職務にとって，法的知識・技術の練磨とならんで，それがいかに重要な意義を有しているかを理解してもらえれば幸いである。

　なお，本書は，法律文化社より，2006年に初版（中村芳彦・和田仁孝著『リーガル・カウンセリングの技法』）が出版されているが，今回，法律文化社の了解を得て，各章の記述に修正を施すとともに，困難なクライアントへの対応や倫理との関係，オンライン面談の問題など，現実的課題に関わる諸章を加えて，北大路書房より（書名を変えてはいるが実質的には）増補改訂版として出版するに至ったものである。この間，出版工房ひうち〈燧〉の編集者で北大路書房出版コーディネーターの秋山泰さんには，アイデアの提供から構成まで，たいへんお世話になった。ここで謝意を表しておくことにしたい。

　2022年4月

中村　芳彦

和田　仁孝

【引用・参考文献】

伊藤博（1997）「リーガルカウンセリングの基礎技術」判例時報1596号3〜37頁

菅原郁夫ほか編（2003）『法律相談のための面接技法　相談者とのよりよいコミュニケーションのために』商事法務

濱野清志・和田仁孝（1993a）「リーガル・カウンセリング」水谷暢編著『対立要点「交渉と法」研究会』泰伸社所収

濱野清志・和田仁孝（1993b）「リーガル・カウンセリング」水谷暢編著『論争要点「交渉と法」研究会』泰伸社所収

和田仁孝（1991）『民事紛争交渉過程論』第2章，信山社

第1章
リーガル・カウンセリングと弁護士・隣接法律職

§1 __ 弁護士・隣接法律職の役割とリーガル・カウンセリング

▶1 リーガル・カウンセリングとは

　弁護士の前に現れるクライアントが，弁護士に求めているのは何だろうか。もちろん，法の専門家である弁護士に相談する以上，法的な助言や問題解決を求めているのは確かである。しかしながら，実際には，クライアントによっては，自分の抱える問題が法的に対応できるものかどうかわかっていない場合もあるし，逆にひとりよがりな法解釈という先入観を持っている人もいる。また，そうでなくとも，紛争という心理的緊張を強いられる状況に直面し，怒りや悲嘆で混乱している人もいる。他方では，企業のように，合理的な法的処理を淡々と求めるクライアントもいる。

　いうまでもなく，この状況は，弁護士以外の隣接法専門職，司法書士から行政書士，社会保険労務士などなど，いささかでも法専門知識にかかわる専門職が，クライアントとかかわる場合に共通してみられるものといえる。弁護士・隣接法専門職が，それらのクライアントと向き合ってコミュニケーションする中で，関係づくりをし，情報を引き出し，助言したり，指示したりするという点は，共通しており，いずれの場合も，クライアントとのコミュニケーションが，そのかかわりの基盤となり，土台を構成しているといえる。まったく法では対処できないような問題を持ち込んだクライアントであっても，まずは，コミュニケーションを行わなければ，そのこと自体判別できないし，法的問題として扱うことが難しいとわかったら，次にそのことを理解してもらって相談を終了しなければならない。事故被害者のように感情的に動揺しているクライアントの場合には，スムーズに情報を語ってもらうためにも，また法的問題点を理解して指示に従ってもらうためにも，その感情的な動揺を受け止め，静めて

いくことが必要になってくる。合理的な企業がクライアントであっても，直接に面談する担当者は，企業の中での自身の位置や利害への考慮から，実は微妙で複雑なニーズを抱えているかもしれない。これらいずれのケースでも，弁護士・隣接法律職は，その実務において，好むと好まざるとにかかわらず，クライアントの多様なニーズに，何らかの形で応対せざるを得ないのである。

弁護士・隣接法律職による様々な応答は，法的なものであれ，非法的なものであれ，問題を抱えたクライアントがその問題について一定の見通しを得たり，あるいはその見方を再構成したりしていくのに貢献することになる。クライアントの側では，それによって，混乱し不安に陥った状況から抜け出し，自信を持って問題に対処できるようになる。また逆に，弁護士・隣接法律職の応答の仕方が悪いと，それがいくら法的に正しい助言や指示であっても，クライアントは納得しなかったり，逆によけいに混乱し不安になったりする場合も考えられる。

このようにクライアントとコミュニケーションし，一定の応答をすることが，弁護士・隣接法律職にとって常に必要なプロセスなのだとすれば，どのようなクライアントであれ，できる限り，納得して弁護士・隣接法律職の助言を受容してもらえ，またそれによってクライアントも自信をもって問題に立ち向かえるよう成長できるような，そのような応答・面談のあり方を体得していくことが望ましいのはいうまでもない。

このように，単に法的問題分析や助言に限らず，それも含めて，弁護士・隣接法律職がクライアントのニーズと向き合い，クライアントが納得しエンパワーされるようなコミュニケーションのあり方を，ここでは広く，リーガル・カウンセリングと呼ぶことにする。誤解を避けるため，いくつかの点について，さらに明確にしておきたい。

第1に，リーガル・カウンセリングは，クライアントとの面談における最終的な助言・指示のみを指すのではない。クライアントと向き合う瞬間から，言語的，非言語的なコミュニケーションの過程全体が，リーガル・カウンセリングにほかならない。弁護士・隣接法律職の共感的・受容的な表情や身振り・姿勢に触れて，クライアントが安堵の感覚を持ったとすれば，それも立派なリーガル・カウンセリングの要素となる。

第2に，カウンセリングという語を用い，またカウンセリング起源の技法を応用しているものの，リーガル・カウンセリングは，カウンセリングそのもの

ではない。典型的な臨床カウンセリングが，カウンセラーという専門家による診断を避け，あくまでもクライアントの深い内面での変容を目的とするのに対し，リーガル・カウンセリングでは，弁護士・隣接法律職が積極的に判断したり，助言したり，指示することが，むしろ必要であり，期待されているからである。したがって，リーガル・カウンセリングは，法律家である弁護士・隣接法律職が，カウンセリングをも併せて行うことを意味するのでは決してない。

　さて，以上のように，「クライアントのニーズと向き合い，クライアントが納得しエンパワーされるような応答の過程」としてリーガル・カウンセリングを捉えるとして，では，そこで問題となる紛争に直面したクライアントのニーズとは何かの究明が次の課題となる。次にこの点を検討してみよう。

▶2　紛争とは何か

【1】　紛争の構造

　紛争と一言で言っても，そこには様々な要素が混在しており，また多様な観点から定義することが可能である。ここでは，①情緒的次元，②潜在的欲求次元，③主張・要求次元，④法的次元の四層からなるものとして考えていくことにしよう。

　①　情緒的次元（emotional dimension）

　紛争のもっとも基底にあるコンフリクトは心理的・情緒的な葛藤の次元である。どのような紛争でも，その渦中にある当事者は非常に強い感情的不安やストレスを感じている。一方で，被害を発生させ，あるいは自らを紛争に引き込んだ相手方への怒りや苛立ち，他方で，現状と今後の展開について見通しを持てないことによる不安，紛争当事者はそうした情緒的葛藤の中で混乱している存在である。

　この情緒的次元から見れば，紛争とは，当事者が情緒的安定を取り戻し，自信を持ってその後の生活に向き合うことができるようになってはじめて，解決が達成されたことになる。賠償請求や契約関係の解除といった問題は，当事者と相手方との間に生じた根深い情緒的葛藤の表面的争点に過ぎないとも考えられるのである。それゆえ，この情緒的次元への手当てが十分になされない場合，法的問題解決の受容や納得形成もなされない可能性がある。

　②　潜在的欲求次元（interest dimension）

　次は，やはり紛争の根底に存在する基本的やニーズや利害（interest）の次元

である。これは紛争当事者が表面上求めている主張や要求の実は背後に潜んでいる根本的な利害や欲求を指す。たとえば，高額の損害賠償を主張する当事者は，実はそれによって相手方の真摯で誠実な応答を求めているのかもしれない。あるいは被害者の無念に寄り添おうとする感情の充足を求めているのかもしれない。また建物の明渡しを求める家主も，実は，明渡しより，安定した賃料収入を得て，老後の生活の安定を確保することを実は最重要の課題として求めているのかもしれない。

こうした深い次元の欲求については，紛争当事者自身が気づいていないことも多い。しかし，この次元の特徴は，その欲求・利害が基本的なものであるがゆえに，それを満たす方法が多様に創意工夫できる点である。弁護士・隣接法律職にとって，クライアントの持つ，深い潜在的欲求に着目し見通しを立てていくことが重要な課題となる。

③　主張・要求次元（positional dimension）

次に，要求やその前提となる事実をめぐる対立の次元である。これは通常，表面化したコンフリクトのいわば本体とも言える部分であって，まさに具体的に処理され解決されるべき要求や論点をめぐる対立として捉えられる。たとえば「家を明け渡して欲しい」「事故の被害について賠償させたい」などである。

なんらかの被害や問題を認識した場合，当事者は，情緒的コンフリクトや潜在的欲求を背景に秘めながら，相手方になんらかの具体的な行動や対応を要求していくことになる。構造的に見れば，この主張・要求次元は，潜在的欲求を実現する手段的な次元と言える。

この次元では，「謝罪要求」から「賠償請求」まで，非法的なものも法的なものも，区別なく要求として構成され得るが，ここでも，実は，紛争の発生当初から，当事者が具体的な要求を構成しているとは限らない。多くの場合，周囲や相手方との接触，そして弁護士・隣接法律職との接触によって，要求の内容が揺らぎながら構成されていくことになる。

④　法的次元（legal dimension）

ひとつの紛争を法的次元から眺めたときには，当然，問題は法律の枠組みに従って定義されることになる。先ほどの「家を明け渡して欲しい」は，「正当事由に基づく明渡請求」ないし「債務不履行による契約解除」といった問題として定義されるし，「事故をめぐって謝罪させ，何らかの責任をとらせたい」は，「不法行為に基づく損害賠償請求」として構成されることになる。

この法的な紛争の定義は，生の社会的紛争を法制度によって処理される形に加工することを意味している。それは，情緒的次元や潜在的欲求次元での紛争当事者の感情やニーズ，あるいは社会的な要求と常に合致するものとは限らない。紛争の法的次元は，当事者にとってみれば，しばしば特殊で表層的なものでしかない可能性を念頭に置いておく必要がある。その上で，法的次元での解決と，情緒的次元や潜在的欲求次元での当事者のニーズの充足とを連結していくようなコミュニケーション技法も弁護士・隣接法律職には必要となってくる。

【2】　紛争の生成

この紛争の四層構造は，現実には不可分な形で融合し，相互に影響しあいながら常に流動している。ある時点，ある場面で，当事者がそのどの側面に焦点を当てるかによって，同じ当事者であっても，コンフリクトは，時には矛盾するような様相さえ示す。自分にとって紛争とは何か，紛争において何を求めるのか，何が解決となるのか，それらの問いへの答えは実はひとつではなく，当事者それぞれのおかれた位置や視点によって多様であり，かつ紛争の動きの中で流動していくのである。

とはいえ，そこには一定の認知変容のパターンがある。紛争の認知的展開モデルは，紛争の生成について，次のような要素に区分して把握している。

Naming（利益侵害の認知）→Blaming（責任帰属の認知）→Claiming（要求表出）

①　Naming

Namingとは，そこになんらかの利益侵害が生じたことに気づき，明確に被害と「名付ける」ことである。この単純な認知も，実はそう簡単ではない。単純にたとえば手術後体内に忘れられたガーゼがあったとしても気づかない場合もあれば，出産時に何らかのアクシデントが起こり赤ちゃんに障害が生じたとしても，数年の成長を経てようやく障害に気づくようなケースもある。後者のような場合には，そもそもそれを「被害・侵害」として認知できない（たとえば先天的障害と認知してしまうなど）場合もあり得る。

さらに，たとえば，セクハラやドメスティック・バイオレンス（DV）のような領域では，何を「被害・侵害」と認知するかも変容してきている。家庭や学校での軽度な暴力を「しつけ」「愛のムチ」と捉えるのか，「暴力」と捉えるのかは微妙であり，意識の変化にともなって認知も変わってきている。

このように人々の「利益侵害」についてのNamingの仕方は様々であり得る。また，先ほどの「赤ちゃんの障害」の例のように，漠然と違和感を持ちながら，

その状況を適切にNamingできないような場合もある。弁護士・隣接法律職は，「法という枠組み」の観点からNamingする専門家であり，面談を通じて，クライアントによる事態のNamingをひとつの観点から援助していく役割を果たすことになる。とくに，法律相談のような場では，このNamingの可能性が重要なポイントになることがあるだろう。

② Blaming

Blamingとは，Namingされた「利益侵害」について，その不利益について責任を負担すべき主体を特定することである。これも，単純な認知過程ではない。環境被害や公害のように，しばしば責任主体の特定が困難である場合が存在するし，文化的規範によっても異なってくる。たとえば，道路に小さな穴があって，そこにつまづいてけがをしたとしよう。「自分の不注意だった」「運が悪かった」などと認知するなら，責任はそれぞれ「自分」や，「運」という超自然的なものに帰属させられていることになる。しかし，訴訟社会であるアメリカのような国では，これは「道路管理者の責任である」として訴訟に至るかもしれない。

このように，Blamingも流動的で複雑であり，様々な観点から人々は責任主体を特定している。法律相談の場合には，このBlamingの認知構成自体が面談の重要ポイントとなってくるだろう。相談であれ，受任ケースであれ，弁護士・隣接法律職が関与するのは，実は，一定の紛争認知が構成された後であることが多いが，それゆえにこそ，人々が認知をより適切な形に修正し構成していくことを，面談を通じて援助するのは弁護士・隣接法律職にとって重要な課題である。ただし，ここで，弁護士・隣接法律職の作業は，「既存の法に照らして責任主体を特定」し助言することだけではなく，クライアントのニーズや社会的正義をも考慮し，時には創造的に責任観念を創出したり，法とは異なる責任観念を肯定的に受容したりする柔軟な応答が要請されてくる。

③ Claiming

さて，Naming, Blamingがなされた後，それに続く過程として，要求をその相手方に提示していくことになる。しかし，ここでも，Naming, Blamingがあっても，直ちにClaimingがなされるわけではない。要求を表出できるかどうかは，被害の大きさ，当事者と相手方の関係，コストや時間など，様々な変数の中で決まるからである。あえて要求をしない形での泣き寝入りや紛争回避も，実は非常に多く見られる現象である。ここでも，可能な障害をクリアし，必要

な要求を表出できるための情報提供をはじめ，様々な援助をするのが弁護士・隣接法律職の重要な責務であることは言うまでもない。

【3】 紛争への対応

さて，Naming, Blamingがなされ，Claimingに至る段階で，紛争当事者の対応スタイルについて次のような5つのスタイルがあると言われている。「自分の利益への関心」と「相手方の利益への関心」という2つの次元でマッピングされるもので，通常，「二重関心モデル（dual interest model）」と呼ばれる。

　a）　回避（Avoidance）：　コンフリクトの存在を無視し，問題を避ける。

　b）　受忍（Accommodation）：　相手方の要求をそのまま受容する。

　c）　対立（Competition）：　争い相手に勝つことを目標とする。

　d）　妥協（Compromise）：　相互に利益の一部を放棄し，中間的合意で解決する。

　e）　協働（Collaboration）：　相互の深いニーズがともに満たされるような解決を模索する。

紛争研究の領域では，このうち協働スタイルが両当事者にもっとも満足度の高い解決をもたらすとされている。

これは，その人のパーソナリティによる紛争への対応スタイルを表す類型モデルでもあるが，もちろん，現実にこのいずれの対応が取られるかを決めるのは，パーソナリティだけではない。たとえば，法的にはどのような解決が可能になるのか？　そのためのコストは？　時間は？　法以外の解決のための方法は利用可能か？　文化・社会規範的な評価は？　様々な要素がその選択に影響を及ぼしてくることになる。

リーガル・カウンセリングの重要な役割は，こうした複雑な要因が錯綜する状況の中で，紛争において当事者が取る行動についての的確な見通しを構成し，それに基づく助言を与えることにある。その際，この紛争への対応選択に関わる要素には，当事者側が主に把握しているものと，弁護士・隣接法律職側が主に把握しているものがある点に注意しておく必要がある。

クライアントは，自身の経済力やパーソナリティなどの属性的要素のほか，紛争に関わる具体的な状況，相手方との関係的経緯，今後の見通しなど，多くの重要な情報を有している。他方，弁護士・隣接法律職は，法的解決の内容や法制度の作動環境，解決を獲得するために要する経済的，時間的コスト，付随して生じる税務その他の関連事項，などを専門知識として有している。そ

れゆえ，リーガル・カウンセリングとは，いわば，「相互に情報を補いながら，Naming, Blaming, Claimingに関し，協働して認知構成していく過程」であると言うこともできる。

　しかし，同時にこのリーガル・カウンセリングの過程自体が，しばしばコンフリクトを内包していることにも注意しなければならない。弁護士・隣接法律職が考える法的解決と，当事者が望むニーズに根ざした要求とは，必ずしも一致しないことが多く，それは紛れもなく一種のコンフリクト状況にほかならないからである。この場合，弁護士・隣接法律職の専門的知識に基づく権威性を背景に，クライアント側の「回避」や「受忍」が行われる可能性が高いが，それではクライアントの側に不満が蓄積していくことになる。ここでも，やはり「協働」的過程が実現することが有益であり，リーガル・カウンセリングという考え方の意義も，まさにここにあると言ってよい。

　そのためにも弁護士・隣接法律職は，クライアントとの間での「協働」を踏まえて，クライアントが抱える問題について，様々な対応・解決方法の可能性を念頭において分析し，創意工夫していく必要がある。訴訟による解決は，その際に考慮すべき重要だがひとつの要素にとどまることになる。

▶3　弁護士・隣接法律職関与のモデル

　以上のような紛争をめぐるクライアントの認知過程や，紛争の多層的構造を前提とすると，そこに関わる弁護士・隣接法律職の関与のあり方についても，その次元に応じて異なる分析的なモデルを考えることができる。

　①　法的問題解析型関与モデル

　第1に念頭に浮かぶのは，条文や判例の構造を知悉した法の専門家として，クライアントの抱える問題の中から法的問題を抽出・解析し，法的な解答を見いだすという，まさに法専門家的な関与モデルである。クライアントによるNaming, Blaming, Claimingという認知構成の過程で，法的なNamingやBlamingの枠組みを指示し，助言していくことが，課題となる。そのために効率よく的確にクライアントの話の中から適切な要素を抽出できなければならない。法学教育のほとんどの部分が，この法的な解析能力の養成を目標としていると言ってもよい。

　②　具体的問題解決型関与モデル

　第2に，紛争の個別具体的な状況やコンテクストを考えながら，クライア

ントの求める具体的要求・主張を実現可能なものに再構成し，解決を導くような形での関与モデルが考えられる。たとえば，言うまでもなく，訴訟を提起し，維持し，判決後に履行を確保していくためには，相当の時間やコスト，心理的な負担も必須となる。解決に際して，相手方との問題だけでなく，税務的処理に関する考慮も必要かもしれない。また，訴訟や法的解決以外にも，そうした具体的要求を満たす方法がある場合もある。ここでは，法的観点からの解析によって勝訴が見込まれるとしても，そうした現実的な要因や，他の紛争解決方法を勘案しながら，要求の再構成や実現のための助言をしていかねばならない。この場合は，Naming, Blaming, Claimingにおいて適用される枠組みも，法に限らない幅広いものとなってくる。さらに，弁護士や法専門職が持つ「専門性」とは，そもそも単なる法知識ではない。かかわる紛争や問題領域についてのよりよい解決の実現についての幅広い知識やセンスも，重要な専門家としての素養の構成要素である。それを踏まえて，法的知識・法的カードをどのように組み合わせ，切るのかを，現場の専門家は導き出している。法知識は，ある意味，そのための時には切れ味のいい，時には使い勝手の悪い道具ということになる。このように，クライアントにとっての問題解決へ向けて，法も含めて総合的判断を創造的に工夫し，助言していくことがひとつの有意義なモデルとなる。この点は，通常の法学教育では，なかなか習得は難しい領域であるといえよう。

③　ニーズ応答型関与モデル

第3に，潜在的欲求次元に着目し，クライアントの真のニーズを充足できるような方向を模索する関与モデルである。具体的問題解決型関与モデルとの差異は，連続的であるが，クライアントとの面談の中から，そのクライアントが本当に求めているニーズをつかみだし，その充足のための方策を考えていくことが必要になる。クライアントが主張する表層の具体的要求に，直ちに対応するのでなく，それを求めさせているより基層のニーズに着目し，他の様々なニーズ充足オプションを模索して，もっともクライアントにとって望ましい解決方法を創案していくような作業である。もちろん，この場合も，問題の法的解析は必須ではあるが，それはより基層のニーズを満たすための手段的要素を強く持つことになる。

④　カウンセラー型関与モデル

最後に，あらゆる紛争状況において，紛争当事者が多かれ少なかれ，情緒的な不安や怒り，悲しみなどの感情を抱えているとすれば，この感情の葛藤の部

分にも配慮し，クライアントが紛争を乗り越え，新たな生活に積極的に望んでいけるように援助することを目指すような関与モデルである。もちろん，弁護士・隣接法律職はカウンセラーではなく，その関わりには限界があるが，こうしたケアにも配慮することで，法専門家としての法的解決や助言の意義がいっそう大きくなるとも考えられる。

　さて，以上に整理したのは，あくまでも，分析的な理念モデルである。現実の紛争が，4つの次元の融合体であるのと同様，実は弁護士・隣接法律職の関与も，これら4つのモデルが複雑に交錯した複合体であるといってよい。また，カウンセラー的な心理的手当てが最低限できていることで信頼関係が生まれ，法的解析の結果がクライアント側にもスムーズに受容されるようになったり，法的解析が的確であるがゆえに，ニーズ充足のもっとも望ましい方法を見通すことができるようになったり，相互補強的に関わっているともいえる。また，紛争の4つの次元が，たとえば，人間関係に関わるニーズが根底にある家族紛争，感情的混乱が強い人身損害賠償紛争，比較的合理的な企業間取引紛争など，その紛争領域ごとに異なる配合を示すように，弁護士・隣接法律職関与のあり方も，紛争領域ごとに4つの関与モデルのそれぞれへの力点も変わってくることになる。さらに，個々の弁護士・隣接法律職の個性，基本的な関与スタイルも，いずれのモデルに重点を置くかで変わってくるだろう。

　いずれにせよ，重要なのは，にもかかわらず，弁護士・隣接法律職の業務が，これら4つのモデルの複合体であり，そのいずれもが弁護士・隣接法律職にとってクライアントとの関わりの中で，必要になってくるということである。この4つのモデルを状況に応じて的確に機能させていくためにも，弁護士・隣接法律職業務の初期段階における面談，リーガル・カウンセリングの場面は，重要である。そこでは，面談自体が，多元的な機能を持った過程であることを認識し，その上で，面談の構造化を考えていく必要がある。

【事例問題】

　次の事例資料を素材に，①当事者にとっての紛争とは何か，②弁護士・隣接法律職が解任されたのはなぜか，③解任されたことをどう評価するか，④弁護士・隣接法律職の役割とは何か，についてディスカッションしてみよう。

　17歳であったM君は，平成6（1994）年1月19日，自動二輪車で帰宅途中，

不法駐車中の貨物自動車に接触して転倒，顔面・腹部をはじめ全身を強打してしまう。M君は，直ちに救急車でY病院に運ばれ入院する。翌日M君は吐血し，母親であるXは「内臓が破裂しているのではないか」と問うたが，主治医（2名）の返答は「鼻血を飲み込んだものだ」「打撲だから大丈夫」ということであった。また同日，腹部X線検査，CTスキャン検査を実施したが，十二指腸後腹膜破裂をうかがわせる気腫像が見られるのに，主治医らは結果的にこれを看過している。以後，十二指腸後腹膜破裂を疑うことなく，治療は打撲としての処置に留まり，21日には食事を取るよう指導している。しかし，その後，体温の上昇，白血球の急増，腹痛の訴えが続いたため，25日にはX線写真を撮影。そこには穿孔性腹膜炎による異常ガス像が見られたが，主治医はこれも異常ガス像とは考えず，それまでどおりの鎮痛消炎剤を投与するに留まった。それでも容態が好転しないため，主治医のひとりは腸管損傷を疑い，1月27日になって胃十二指腸の造影検査を行う。このとき十二指腸からの造影剤漏れが確認され，十二指腸破裂がはじめて医師によって確認された。直ちに絶食絶水を指示し，開腹手術が行われたが手遅れであった。31日になってもドレナージからの膿の流出が続き，主治医は緊急再手術が必要であると申し出たが，すでに不信感を募らせていた両親は他の病院へM君を転院させ，その後2月3日にM君は転院先の病院にて死亡した。

　両親は，書籍等から医療過誤訴訟に詳しいZ弁護士・隣接法律職を見つけ事件を依頼する。Z弁護士・隣接法律職は直ちに証拠保全の手続をとり，これによって入院翌日のX線写真に気腫像が見られることなどが判明し，手際よく訴訟を遂行していった。これとは別に，両親は親戚・知人の医師らの助言を受け，また自身も法律，医学などの資料を自分たちなりに検討しながら問題に対処しようとしている。Z弁護士・隣接法律職の構成する法的主張は，法専門的な視角から見る限り問題はないと思われるが，当事者である両親には，その主張や書面は本当の問題を反映していないものと映り，独自に作成した陳述書の提出を求めていく。しかし数通の陳述書を提出したところでZ弁護士・隣接法律職はさらなる陳述書の提出を抑えようとし，また和解期日を経て，和解を強く勧めるようになった。両親はこれを拒否，結局Z弁護士・隣接法律職を解任し，以後，本人訴訟として訴訟を遂行することになる。日常的な語りと法的な語りが混在した多数の準備書面が，その後，ほとんど一方的に提出され，被告側当事者本人尋問も母親が法廷に立って遂行，そして平成9年1月31日に原告勝訴の第一審判決が下された。

　〔陳述書等での原告母親の言葉〕
・「私どもが訴えたのはよくよくの事だと理解してください……この裁判を通

じて，第2，第3の犠牲者を二度と出さないため安易な妥協をせず，徹底的に本件過誤を追及してもらうつもりでいますし，それが世のため人のためになればと思っています。」

・「私どもは判決を希望していますし，その理由は，最初にも陳述しているとおり，私どもから事実経過を説明する場を保証してほしいし，過誤原因の究明とそれに基づく謝罪であって，表面的な金銭的賠償だけでは済ませたくないからです。」

・「このまま弁護士・隣接法律職を選任しておくのと，解任するリスクとを勘案した結果，解任する方が私どものリスクが少ないと判断したのです。理由はいろいろありますが簡単に説明すれば，本来，私どもの代弁者であるべき訴訟代理人であるのに，私どもの要望を適切に処理してもらえず，法律専門家だという専横的な高慢な面があり，結託，癒着をうかがわせる不透明な部分が見受けられた上，能力の限界がわかり，信頼関係が希薄になったからです。」

〔原告側乙弁護士・隣接法律職の言葉〕

・「やはり，紛争は早期に解決された方が客観的な利益に合致するだろうと考えてるんですね。早期に解決して，しかもその中身として，民事裁判というのは勝ち取れるものというのは金銭賠償しかないわけですから，できるだけ原告の負担を，いろんな意味で，精神的にも物質的にも，少しの負担の上で，短い時期に最大限の賠償額を勝ち取ることが客観的な利益だろうと。」

〔原告弁護士・隣接法律職解任後の被告側弁護士・隣接法律職の準備書面における言葉〕

・「本件の問題の所在や裁判所の和解勧告の趣旨，被告の対応の真意を十分に理解されていた原告代理人を解任した後の原告らの訴訟活動は，次々と大量の文書を提出したが，核心に触れるものは少なく，いたずらに混乱させるだけであった。そこでは主張と立証の区別も定かでないし，立証の必要さえ理解されていなかったのは残念である。」

§2 リーガル・カウンセリングの目標と構造

　現場における紛争の多層的構造，弁護士・隣接法律職関与モデルの複合的融合を前提とすれば，当然ながら，リーガル・カウンセリングの目的も単純に確定することはできない。当事者の話の中から要件事実に関わる情報を抽出し，

法的構成を考えて，助言を行うという，単純なイメージだけでは，現場での弁護士・隣接法律職の複雑な職務のあり方を見落としてしまうことになる。ここでも，面談の目標は多元的であると考えられる。

▶1　「最低限」の信頼関係（ラポール；Rapport）の構築

　クライアントが弁護士・隣接法律職を信頼することができなければ，必要な情報も得られず，またたとえ的確な助言をしたとしても，うまく受容されないかもしれない。その意味で，この信頼関係の構築は，弁護士・隣接法律職＝クライアント関係の基盤をなすものといってよい。

　もちろん，信頼関係といっても，いくつかのレベルを考えることができる。深いレベルでの人間的信頼関係は，事案の処理が進行する中で，継続的に構築されていくものである。しかし，とりわけ初期面談場面では，そうした深いレベルの信頼関係とは違って，いわば「最低限の信頼関係」の構築が重要である。すなわち，初期の面談を通して「この弁護士・隣接法律職は,話を聞いてくれる」「この弁護士・隣接法律職は適切に問題を処理してくれそうだ」といった弁護士・隣接法律職へのイメージが構成され，その結果，「この弁護士・隣接法律職になら，すべてを話してしまおう」「この弁護士・隣接法律職の言うことに素直に耳を傾けよう」といった受容的態度が構築されるのである。

　弁護士・隣接法律職面談は，はじめて接することが多いクライアントと弁護士・隣接法律職との出会いの場で，「最低限の信頼」を調達する機会となるのである。弁護士・隣接法律職側も，クライアント側も，面談に際して，前提的目的として，この「最低限の信頼」形成を求めている。それが，より深い信頼関係への入り口となり，また，情報収集はじめ，その他の目的の実現を容易にしてくれるのである。

▶2　情報収集

　その上で，弁護士・隣接法律職は，面談において様々な情報の収集をしなければならない。これが第2の重要な目的である。ただ，この情報収集は，単純に法的問題解析のための情報収集と考えてはならない。クライアントの置かれた具体的な状況，たとえば経済状況や人間関係，心理状態まで，多様な情報を収集してはじめて，法的問題解析をした上で，さらにそれを，個別の当事者，個別の紛争状況をとりまく厚みのある情報の中に位置づけ，総合的に判断し，

より的確な助言や解決方法を模索していくことが可能になるからである。

　またこうした「厚みのある情報収集」を行うことで，さらにどのような情報を求めればいいかの見通しが立てられることにもなる。

　情報収集の過程は，同時にクライアントとの対話の過程でもある。また弁護士・隣接法律職がクライアントから情報を得る過程は，同時にクライアントが弁護士・隣接法律職についての情報を集める過程でもある。それゆえ，そこに信頼関係があれば，情報収集が容易になり，資料準備への指示も素直に受け入れられるが，うまく信頼関係が構成できていないと，都合の悪い情報が出てこなかったり，指示を守ってくれなかったりということにもなりかねない。情報収集は効率的でなければならないが，真の意味で効率的であるためには，信頼関係の構築が重要であることを忘れてはならない。

▶3　問題構成

　これは情報収集に連続するもので，ひとつの継続した目的と考えてもよい。弁護士・隣接法律職は集めた情報をもとに，その問題に関する見取り図を構成し，それによってクライアントに助言したり指示したりしていくことになる。ここでも，法的問題構成は法専門家としてきわめて重要であるが，それを超えた多層的な問題把握と問題構成を実践の場ではしていかねばならない。法的問題，要求の実現方策，ニーズの充足，心理的な納得など，様々な次元で，クライアントとその紛争をとりまく状況を把握し，それに有効な問題構成をしていかねばならない。いわば，「厚みのある問題構成」こそ，よい面談の目標なのである。

　そして重要なのは，この問題構成は，弁護士・隣接法律職が集めた情報に基づいて一方的に行うものではないという点である。もちろん，弁護士・隣接法律職が是と考える問題構成を，クライアントの考えや認識にかかわらず，専門的判断として優先させることも不可能ではない。しかし，それではクライアントに信頼を喪失させ，結局，納得してもらえないことになろう。それゆえ，この問題構成は，クライアントがクライアントの知る個別具体的な情報を提供し，弁護士・隣接法律職は専門家として知る情報や視点を提供し，その上で，協働して新たな問題構成を創り上げていく協働的問題構築過程として捉えられるべきだと思われる。

▶4　解決方策の創出と助言

　面談では，1回で終わる法律相談のようなケースでは，一定の助言，継続ケースでは，その時点での助言と指示を行うことが期待され，その意味で，これは面談の終了段階での目的であるといえる。

　上に見たように，面談における問題構成が，協働的過程だとしても，なお，弁護士・隣接法律職はその専門的視点から構成された助言や指示を，クライアントの意図に合致しなくても，提示していく必要がある場合がある。いわば，クライアントと対決し，そのものの見方や考え方の変容を起こさせるのである。実際，多くのクライアントは，法的知識がなく，また自分流の正義感，法律観を有していることが多く，多かれ少なかれ，対決の場面が必要となる。もっとも，対決とはいっても，クライアント側も，そうした指示や助言を得ようと専門家である弁護士・隣接法律職のところに来ているのであり，信頼関係が形成され，指示・助言の方法が不適切でなければ，ポジティヴに受容されると考えられる。

▶5　心理的援助

　また，多くのクライアントは，不安や感情的混乱に苛まれ，法律家である弁護士・隣接法律職にも，受容や共感などの心理的側面での援助，サポートを求めている。紛争当事者の悩みや苦悩を，できる限り共感的に受容していく姿勢は，好むと好まざるとを問わず，そうした受け皿がなくなった現代社会では，弁護士・隣接法律職にも求められているといえる。「ケアするとは，その人がその人自身になることを援助することである」（メイヤロフ）というケアの理念を前提とすれば，弁護士・隣接法律職の職務も，法的専門性を手段として，紛争当事者が，再度，エンパワーされ，よりよい生を送ることを援助することにほかならないのかもしれない。

　ただ，これは何も弁護士・隣接法律職がカウンセラー的役割を果たすということではない。そうではなく，法的問題解析，情報収集，問題構成，助言・指示といったクライアントとのコミュニケーション過程で，そうした要素に配慮した応答をすべきことを意味しているにすぎない。また，そうであれば，弁護士・隣接法律職の本来的職務そのものが，実は同時に，心理的援助の過程にもなっていくのである。

　さて，以上，面談の多元的な目的について検討してきた。いうまでもなく，ここでも，これらの目的は決して相互に排他的ではなく，むしろ有機的に連関

している。信頼関係は，情報収集を豊かにし，問題構成，助言・指示の受容を促進する。また，情報収集，問題構成などにおける適切な対話と応答は，さらに信頼関係を深め，心理的援助としても機能する。

　その際に重要なのは，弁護士・隣接法律職がクライアントとのコミュニケーションにおいて，二重の関係的応答で臨むことである。ひとつは，専門家としてクライアントに向き合う関係，いまひとつは，対等な人間として同じ目線で，相手を人格的に尊重しつつ向き合う関係である。前者は説明するまでもないが，後者は「クライアントはクライアント自身の問題の専門家である」という視点に立って，面談過程を，共同的問題解決過程として捉え直すことを要請する。そしてそれは，前者の専門家としての弁護士・隣接法律職の役割と決して矛盾するものではなく，相互に補強し合う関係に立っていることを忘れてはならない。

> 【問題】
> 　インフォームド・コンセントとは何かについてディスカッションしてみよう。
> ①　医師＝患者関係におけるインフォームド・コンセントについて定義し，それを弁護士・隣接法律職＝クライアント関係に適用するとどうなるか？
> ②　法的観点から論理的に捉えたインフォームド・コンセントと，継続的関係過程の中で推移する現場でのインフォームド・コンセントは，どう違うか？

§3 弁護士・隣接法律職面談の構造

　さて，弁護士・隣接法律職面談がこのように複雑な要素を内包しているのだとすれば，面談が場当たり的に漂流するのを防ぎ，効果的に進めていくための手だてを考える必要がある。そのためには，面談過程というものがどのような構造になっているのかを理解し，それに適したコミュニケーションのスキルを工夫していかねばならない。

▶1　面談の時系列的展開

　面談の構造として直ちに思い浮かぶのは，時系列的な展開に応じて段階づけ

られた構造である。基本的には，準備→導入→展開→分析→指示・助言→終結
といった順序で進行すると考えられる。

【1】 準備段階——場所の設定，概略の聴取，指示，問題に応じた準備

面談には，行政や弁護士・隣接法律職会が主宰する法律相談のように，何の
事前情報もなく，いきなり始まるような場合もあれば，紹介等で予め電話など
でごく大まかな概略を聞き必要な持参物の準備や事件内容のまとめの作成など
を指示した上で，行われる場合もある。しかしいずれにせよ，電話であっても，
その最初のコンタクトの時点で，面談は始まっていると考えるべきであろう。
初回面談までに，面談場所のセッティングや，予め情報を得ているような場合
には，弁護士・隣接法律職側でも一定の準備が必要となる。

【2】 導入段階——緊張緩和，ラポール形成，見通しの共有

はじめて法律事務所を訪れるクライアントや，法律相談に来所した相談者は，
緊張しているはずである。弁護士・隣接法律職とはどういう人なのか，どのよ
うな対応をしてくれるのか，様々な不安を感じているのが普通であると思われ
る。最初の面談への導入場面では，こうした緊張をほぐすとともに，その日の
面談で何を行うのか，確定的ではなくとも一定の見通しについて相互に了解し
ておく必要がある。

【3】 展開段階——多元的情報収集，信頼構築（ラポールの強化），対話の制御

導入からスムーズに面談に入ると，あとは問題についての情報を，対話を通
して収集・獲得していくことになる。その際，情報は単に法的要件に関わるも
のだけでなく，ひろくクライアントにとって重要な，多層的な次元の問題につ
いて聴取していくことが必要となる。また，クライアントが不都合な情報を話
さないようなことがないように，何でも弁護士・隣接法律職に話せるようなコ
ミュニケーションを行わなければならない。そのためにも，この対話による情
報収集過程自体が，信頼を強め，クライアントの満足度を高めるための重要な
働きをしていることを忘れてはならない。他方，時間的な制限もあることから，
この点で，クライアントとの対話をうまく制御することも必要となってくる。

【4】 分析段階

様々な情報が収集されてくるにつれ，それを整理し，分析し，法的にも，そ
の他の観点からも，適切な処理方向を模索していくことが可能になってくる。
これには次の2つのモデルが考えられる。第1は，これを弁護士・隣接法律職
の頭の中でなされる作業として考えるモデルである。このモデルでは，情報が

集まるにつれ，弁護士・隣接法律職の頭の中では，解決方向，助言内容についてのイメージが次第に具体的な像を結んでくることになる。この分析に基づいて，次の指示・助言段階へ移るということになる。第2は，これを弁護士・隣接法律職とクライアントの対話の中で協働して行われる過程と見るモデルである。一定の情報を前提に弁護士・隣接法律職はテンタティヴな分析を構成し，これをクライアントに開示し，その都度，対話の中で修正していくというモデルである。

　実際の現場では，このような二分法はあてはまらないだろう。第1のモデルでも，クライアントへの確認は行われるだろうし，第2のモデルでも，弁護士・隣接法律職は時にクライアントの視点と対決しなければならないこともあるからである。問題は，いずれのモデルを理念的モデルと考えるか，分析の主導権を弁護士・隣接法律職が保持するべきと考えるのか，クライアントと共有すべきと考えるのかという基本姿勢の問題と関わっている。

【5】　指示・助言段階——多元的な助言，次回への作業指示

　分析したところに従って，弁護士・隣接法律職はクライアントに対し助言（法的分析による助言にとどまらない）を行い，またさらに情報の補充が必要な場合や，書類の準備が必要な場合など，その指示を行うことが必要になってくる。また，次回以降の見通しについても了解を形成していく。この際も，分析の場合と同様の基本姿勢の分岐が，実際に指示・助言を与える際の対話のあり方にも相違をもたらしてくると思われる。

【6】　終了段階——面談の意義の要約，次回の確認

　こうして面談が最後の段階に至ると，その日の面談の意味や成果についてまとめ，相互に了解をするとともに，十分検討できなかった点の確認，疑問点の確認などを行う。その上で，必要なら次回の確認をし，ラポールを強化するメッセージで終了する。

　さて，以上のようなイメージが面談の時系列的な構造であるが，単なる時系列でなく，その過程で生じている実質的な内容に応じて，立体的に面談の構造を理解していくことも重要である。

▶2　面談の階層的構造

　実際に面談の進行の中で，弁護士・隣接法律職とクライアントの間で生じている過程についてその構造を考えてみよう。それは，「信頼関係形成過程」「情

報コミュニケーション交換過程」「対決・受容・解決創造過程」の三層からなる複合的構造である。

【1】　信頼関係形成過程

　弁護士・隣接法律職＝クライアント関係において，信頼関係はきわめて重要な役割を占めている。第1に，面談そのものがスムーズに始まり進行していくためには，信頼関係がなくてはならないこと，第2に，信頼の存在が，同時に情報交換の過程をより厚みのある有効なものにする条件であること，第3に，信頼が存在してはじめてクライアントは弁護士・隣接法律職から提供される援助をポジティヴに受容する構えができること，第4に，時に弁護士・隣接法律職との間に構成される信頼自体がクライアントにとって「解決」の重要な要素になる場合もあるからである（「この先生に聞いてもらえただけでもよかった」）。こうした信頼は，考えてみれば，人間関係である以上，しかも困惑した当事者が援助を求める中で成立する関係である以上，当然の前提ということができるかもしれない。

【2】　情報コミュニケーション交換過程

　弁護士・隣接法律職面談の過程は，当然ながら，弁護士・隣接法律職側はクライアントの持つ情報を，クライアント側は弁護士・隣接法律職の持つ情報を，相互に交換する過程にほかならない。ただし，それを単純に，弁護士・隣接法律職によるクライアントからの情報収集，聴取過程と見るのは誤りである。クライアント側も同時に弁護士・隣接法律職について，様々な情報分析をその過程で行っているからである。

　すなわち，この情報交換過程は，単に交換される情報の内容のみが問題なのでなく，より広義の情報，たとえば弁護士・隣接法律職の態度（親身になってくれているか，信頼できそうか）についての情報や，逆に弁護士・隣接法律職側から見ればクライアントの態度（隠し事はしていないか，報酬は支払えるのだろうか）をめぐる情報も，そこでは，交換されているのである。そしてこのいわば「明示的情報交換」と「黙示的情報交換」は，たとえば「この弁護士・隣接法律職はどうも信頼できないから，あのことは言わないでおこう」などといった形で，相互に強く影響しあっている。

　さらにこのことは，情報交換過程が，同時に信頼構築過程であるということを意味している。当初の信頼が情報交換を豊かにし，それがまた信頼を強めるという循環関係と，逆に信頼の不足が情報交換を貧困化し，それがまた不信を

生み出すという循環関係と，いずれの可能性もそこには潜んでいる。

【3】 対決・受容・解決創造過程

　また弁護士・隣接法律職面談は単なる情報交換にはとどまらない。そこでは，情報というより，クライアントの問題を見る見方と，弁護士・隣接法律職が問題を見る見方とが，しばしば衝突し，そのなかで調整を行いながら，解決へ向けた方向を創造的に模索していくという過程がともなっている。いわば，弁護士・隣接法律職とクライアントの間にコンフリクトが存在し，それを処理していく問題解決過程としての側面が，弁護士・隣接法律職面談には内在しているのである。

　これがうまく進行するかどうかは，基本的な信頼関係がそこに構築されているか，十分な情報が共有されているか，そして，この助言・対決過程が信頼を損なわないような形で行われるか，によって決まってくる。

　以上のように，見てくれば，弁護士・隣接法律職面談が，「信頼関係」を基層とし，「豊かな情報交換」を中層とし，その上に「対決・解決創造」が上層として位置する三層構造を有していることがわかる。しかも各層は，クリアに境界づけられるのでなく，下の層が上の層に浸透する形で貫流しているようなイメージで考えるのが適切である。

　弁護士・隣接法律職面談の成否は，こうした構造が十分な形で構成できるかどうかによるとして，では，それはいかにして可能になるのだろうか？　この点については次章以降で，様々なスキルを紹介しながら詳細に学んでいく。

　以下では，その意義を理解するための予備知識として，カウンセリング，臨床心理の領域の議論を，簡単に見ておくことにしよう。個々のスキルが，単なるマニュアルではなく，「専門家とクライアントのコンフリクトをはらんだ緊張関係」にどう向き合うべきかという理念を，基盤に有していることを理解することが重要だからである。

§4＿ リーガル・カウンセリングの基礎理論

▶1　なぜカウンセリング理論か？

　リーガル・カウンセリングは，もちろん，カウンセリングそのものではない。しかし，クライアントの心理的な不安や混乱を受けとめ，対等な人間としての

関係を尊重することで，同時に，専門家として専門的判断を提供するための素地となる情報の収集や，問題構成，助言・指示のクライアントによる受容が，適切に進むのだとすれば，そのための対処の方法をカウンセリングの領域から学ぶことは有意義であるはずである。徹底して学んだ法的解析能力や，実務的ノウハウのような知識を，まさに現場で活かしていくために，弁護士・隣接法律職面談過程におけるカウンセリング的側面の理解，習得が重要なのである。

　また，カウンセリングの領域では，法律家以上にクライアントの内面や精神の深みにまで踏み込むため，その理論は，専門家であるカウンセラーとクライアントの関係に含まれる緊張関係に，より鋭敏に考察をめぐらせている。この点でも，そもそも専門家が一般の素人と向き合うときのあるべき姿勢や，そこに潜むリスクを示唆してくれるのである。

　このことは，近年，もうひとつのプロフェッションである医師に対し，患者との面談過程における姿勢とコミュニケーション・スキルについて，カウンセリング理論を取り入れた形で教育がなされていることからも明らかである。すでに，医学生は臨床実習に出る前に，この患者との面接過程についての実技試験をパスすることを義務づけられるようになってきている。弁護士・隣接法律職についても，本来，実務はもちろん，クリニックやエクスターンシップに出るまでに，こうした知識やスキルをいささかでも理解し，習得する必要があるのは，医師の場合と変わりはない。

　次章以降で，そうしたカウンセリング技法を，弁護士・隣接法律職業務の特質に適合させた形にアレンジしつつ，学んでいくことになるが，以下では，その準備作業として，この観点から有益と思われるカウンセリングの基礎的な理論について見ておくことにしよう。

▶2　ロジャーズの「クライアント中心療法」

　現代的なカウンセリングの基礎を築いたのは，20世紀半ばに「クライアント中心療法」という療法を提唱したカール・ロジャーズである。それまでのカウンセリングは，どちらかといえば，専門家であるカウンセラーが，クライアントの中に潜む問題を抽出し，診断し，助言を行うという形で行われていたが，ロジャーズは，こうした専門家の関わり方を根本的に覆した。ロジャーズは，治療の目標設定や経過評価について，カウンセラーが決めてその解釈を押しつけたり，指導したりするのではなく，クライアント自身が，それを行い，自由

な自己表現を通して，自己の成長を実現していくことが重要であると考えたのである。

その背景には，「人間は，成長，健康，適応に向かう衝動を持ち自己実現に向かう有機体である」とする人間観がある。そこでは，専門家の役割は，専門知識に従ってクライアントを指導することではなく，クライアントの自己成長・自己実現を援助する役割として再構成される。

その際，専門家であるカウンセラーにとって重要な条件として次の3つを挙げている。

① 自己一致（純粋さ）： 専門家の内面にウソや偽りがなく透明であること。

② 無条件の肯定的関心： クライアントを評価せず，丸ごと肯定的に受容すること。

③ 共感的理解： クライアントの見る世界をあたかも自分のものであるかのように見ること。

こうした態度要件を満たしながら，専門家は，あたかも鏡のようにクライアントの話を受けとめ，指示や指導のような指示的な介入をせずに（非指示的療法），傾聴に徹することで，クライアントの自己成長を促していくのである。「自己実現に向かう有機体としての人間」という，ロジャーズの人間への無限の信頼が背景にあるのはいうまでもない。

こうした考えは，理念としては素晴らしいが，現実にはほとんどすべての専門家にとって実現不可能な困難をはらんでいる。いかなる専門家であっても，クライアントの話について，すべてを徹頭徹尾，肯定的関心を持って共感的に聴くことは不可能である。その場合，専門家が，「自己一致」の条件を維持しようとすれば，その気持ちを偽らずクライアントに正直に対立する視点を述べざるを得ないし，そうすると無条件の肯定的関心や共感的理解を満たしているとは言えなくなってしまうのである。

弁護士・隣接法律職の場合には，職業的に法の専門家として，クライアントの中にはない視点からの問題認識を提示していくことが，むしろ本来的に要請されている。その意味では，構造的に，このロジャーズの療法との矛盾を内包しているといってよい。

しかし，こうした困難にもかかわらず，ロジャーズの示したカウンセリングの基本的態度，傾聴，共感の重要性は，今も，カウンセリングの基本的な姿勢，理念という点では，重要な意義を保っている。それはまた，クライアントと向

き合う基本的姿勢，態度を示す理念として，同じく専門家としての弁護士・隣接法律職にとっても，大きな示唆を含んでいる。

▶3　ナラティヴ・セラピー

1990年代に入って，盛んになってきた考え方にナラティヴ・セラピーがある。ポストモダン思想は，社会科学のあらゆる領域に大きな影響を与えたが，臨床心理の領域で，その影響を受けて隆盛してきたのが，このナラティヴ・セラピーであると言える。

その基本的な考えは，「真実」「客観性」といった概念を廃し，我々が見ている「現実（リアリティ）」というものを，「ナラティヴ（語り，物語）」によって相互作用の中で紡ぎ出される可変的なものとして見る点にある。クライアントは，その「語り」を通して「問題」を構築しているが，専門家は対話を通じて，それとは異なる別の「語り」の可能性を引き出し，一緒に新しい「物語」を紡ぎ上げていく作業を担うことになる。

弁護士・隣接法律職の業務においても，こうした見方は適合的である。クライアントは，社会一般に存在する一定の枠組みで「問題」や「法」を解釈していることが多いが，弁護士・隣接法律職はその面談，助言を通じて，そのクライアントの「物語」を，解決へ向け得る妥当な別様の「物語」へと書き換えさせる作業に従事しているともいえるからである。たとえば，事故被害者の，過失を犯した運転手や医師を「極刑」にして欲しいという「語り」は，弁護士・隣接法律職の関与によって，法的に可能な解決とそれを受容し得るような「物語」へと書き換えられていくことになる。

しかし，そこで，その書換えをいかにして実現するかが問題である。専門家の指導という権威的な対応が不適切であるのはいうまでもない。ナラティヴ・セラピーは，この専門家のクライアントへの対応について，いくつかの視点を提起しているが，弁護士・隣接法律職面談との関係で示唆深いものとして，グーリシャンの「無知の姿勢」を挙げておこう。グーリシャンは，「無知の姿勢」を強調し，クライアントとの対話の過程で，専門家は，自らの専門知の観点からその「語り」を解釈することを控え，「無知」という姿勢で接することで，別様の「語り」の可能性を抑圧することなく構築していけると考える。弁護士・隣接法律職が専門知の観点から即座に語ってしまうと，クライアントは何も言えなくなって，結局，クライアント自身の問題認識は変わらないまま，弁護士・

隣接法律職のそれと衝突し抑圧されてしまう。そこでこの「無知の姿勢」は弁護士・隣接法律職の場合にも，有益な方法となる。

これは一見すると，傾聴と共感を条件とするロジャーズの考えによく似ている。実際，専門家が専門知から診断，解釈することを避け，クライアントの「語り」を受けとめる点では，ロジャーズの3条件も，グーリシャンの「無知の姿勢」も変わりはないように見える。しかし，ロジャーズがあくまでも，非指示的技法を重視して傾聴・共感に徹し，いわばカウンセラーをクライアントの内心を写し出す「鏡のような存在」と考えたのに対し，ナラティヴ・セラピーの場合には，「無知の姿勢」に基づきつつも，むしろ対話を通して，ともに新しい「物語」を紡ぎ出していくという相互作用性を重視している。

この相違の理由は，ロジャーズが，「自己実現に向かう有機体としての人間」という観念を前提としていたのに対し，ナラティヴ・セラピーの立場はポストモダン思想の影響を受けて，「自己完結的に成長する真の自己」という観念を否定し，むしろ「語り」と「対話」の相互作用の中で「自己」も創り上げられるものであると見ていることにある。

いずれにせよ，クライアントへの傾聴，共感は重視しつつも，「語り」と「対話」の過程を重視するナラティヴ・セラピーの立場は，弁護士・隣接法律職面談について，より適合的で，現実的なモデルとしての意義を有しているといえる。

▶4　マイクロ・カウンセリング

さて，以上に見てきたロジャーズの「クライアント中心療法」も，ナラティヴ・セラピーの「無知の姿勢」も，いずれも具体的なカウンセリング・スキルというより，その基本的な理念，姿勢，態度に関わるものであった。それには，もちろん，理由がある。実際には，カウンセリングにおける個々の具体的な実践的スキルは存在するが，カウンセリングの領域においてすら，ともすれば，それらがマニュアル的に用いられてしまう傾向があった。その反省から，スキルは，単にマニュアル的に用いられたのでは，あまり有効性がなく，カウンセラーの姿勢・態度の如何が，実は重要な役割を果たしているということが強調されたのである。リーガル・カウンセリングを講じる本書で，カウンセリングの基本的視点に関する議論をここまで見てきたのも同じ理由による。

では，そうした姿勢・態度を前提とした上で，個々の具体的なスキルについて学ぶにはどうすればいいか。この点で，どのようなカウンセリング理論に基

づくにしても，共通に有効と思われる「スキルの束」を提供してくれるのが，アレン・アイヴィのマイクロ・カウンセリングという立場である。

マイクロ・カウンセリングにおけるスキルは，

① 非言語的コミュニケーションを中心とする「かかわり行動」

② 質問技法・言い換え・要約などのスキルからなる「基本的傾聴の連鎖」

③ 指示，自己開示，解釈，説明，対決などのスキルからなる「積極技法」

へと，階層的に構造化されている。

また面談の過程も，

① ラポール

② 問題の定義

③ 目標の定義

④ 選択肢の探索と不一致との対決

⑤ 日常生活への一般化

の5段階に構造化されている。

この構造化されたマイクロ・カウンセリングのスキルは，もちろん，弁護士・隣接法律職面談の特性に合わせてアレンジを施す必要があるが，その基本モデルとして有用である。医療面接の分野でも，ひとつの有力なモデルとして，面接教育に活用されている。繰り返すが，こうしたスキルは，ここまで見てきたようなカウンセリングの基本的姿勢・態度を前提に用いることが必須であることを忘れてはならない。

このようなスキルを習得することで，弁護士・隣接法律職面談過程は，より厚みのあるものとなり，法的解析次元も含め，クライアントにとってよりよい解決の構築に貢献することになろう。複雑で多層的な弁護士・隣接法律職面談の諸次元を，効果的に統合していくためにも，これらのスキルは重要な位置を占めると考えられる。

次章以降，弁護士・隣接法律職面談過程の展開に応じて，こうしたスキルについて，学んでいくことにしよう。

第**2**章

弁護士・隣接法律職面談の構造と技法

§**1** 弁護士・隣接法律職面談の具体的構造

▶**1** はじめに

　第1章で見たように，弁護士・隣接法律職面談が時系列的展開を辿り，階層的構造を有するものであるとした場合，弁護士・隣接法律職としては，実際にどのような姿勢で面談に臨み，どのようなスキルを身につけていけばよいのだろうか。第2章では，まずその全体的な枠組みを考えてみることにしよう。

　弁護士・隣接法律職面談にも様々なタイプのものがあるが，まずはその基本形として，一般市民を対象とした初回面談を想定して，考えてみることにしよう。これは，初回面談においては，相談にともなう様々な問題が総合的・複合的に関わってくるという特徴を有しており，それ以外の継続相談や顧問先の取引相談などは，この応用形あるいは変則形として，各種相談の特徴を加味して考えていくことで対応できるからである。

▶**2** 相談開始時の状況

　法律相談に訪れるクライアントと弁護士・隣接法律職の間には意識のズレがあるのが一般的である。すなわち，クライアントの気持ちとしては，①いろいろなことをしゃべりたい，②どこから話してよいかわからない，③なかなか考えがまとまらない，④法的判断や専門的情報は聞きたいが，自分の気持ちも聞いて欲しい，といったことが挙げられよう。

　これに対して，弁護士・隣接法律職の気持ちとしては，①法的な判断に必要な情報を聞きたい，②法的に意味のない事実は聞いている時間がない，③事案の法律的な意味や専門用語をわからせたい，ということであったりする。

　弁護士・隣接法律職は，これまで，相談過程の意味というものをあまり意識

せずに，クライアントから何が法的に問題なのかを知るために事情を聴取し，これに対して法的に適切な解答を提供することが目的であるという暗黙の前提で相談にあたってきたように思われる。たとえば，弁護士の場合，「離婚したいんですけど……」と問いかけられれば，まずは離婚原因が存在するかどうかの法律要件にあてはまる事情が存在するかどうかを検証するための質問が，最初に投げかけられることが多いであろう。これは，訴訟において裁判官と弁護士の共通言語とされる要件事実を相談過程にも押し及ぼしていくことからする帰結でもある。しかし，要件事実は弁護士とクライアントの共通言語ではないから，両者を媒介する弁護士にはカウンセリングやコミュニケーションのスキルがきわめて重要である。

　そして，弁護士・隣接法律職の相談過程の質を高めていこうとする場合には，法的知識や実務慣行に習熟することはもとより大切であるが，合わせて相談過程をいくつかの視点から構造化して捉え，具体的に相談を進めるにあたっては，そのような構造を意識して，段階ごとに何をなすべきかを十分に自覚しながら，対応していくことが必要である。なぜならば，第1章で述べたように相談過程は，単にクライアントから必要な情報を聴取し，これに対して法的・専門的判断を伝えるということにとどまるものではなく，弁護士・隣接法律職として，クライアントの自律性を尊重しながら多様なニーズに応えるべく話を聴き，そしてどのような形で法的な専門情報や判断を伝え，自律性と法情報を織り合わせていくかが問われる複合的なプロセスだからである。

▶**3**　弁護士・隣接法律職面談の階層構造と技法

【1】　弁護士・隣接法律職面談の目標は，①弁護士・隣接法律職とクライアントの良好な関係を作り出すこと，②クライアントから厚みのある情報を聞き出すこと，③クライアントに対して，法的な情報や専門的判断を伝えること，④クライアントと共に厚みのある問題構成をもとに選択肢や解決策を考え，意思決定をしていくことにある。

　したがって，弁護士・隣接法律職面談の各段階は，場当たり的に行うのではなく，それぞれ特別の意味と目的を持った一連のプロセスとして意識し，展開していくことが求められよう。面談に臨むに当たっては，こうした段階的構造を把握し，各段階において何をなすべきかを明確にしておくことが重要である。そうでないと，弁護士・隣接法律職とクライアントとの間に信頼関係が築けず，

クライアントを混乱させたり，反発を招くことになりかねない。なお，信頼関係を大切にするということは，クライアントの主張をそのまま信じたり，弱点に目をつぶるということではない。クライアントの自律性を尊重するということは，言い換えれば弁護士・隣接法律職とクライアントが互いに，それぞれの存在を認め合うということである。その意味で弁護士・隣接法律職には，クライアントとともに手探りで歩む面と，今いる位置や意味を客観的に見ている目の両方が同時に求められている。

【2】　次に，それぞれの段階において具体的にどのような関わり方をすればよいのかが問われてくる。ここに構造を具体化していくものとして技法の存在意義がある。

　面談の階層的構造における技法を考えるについて，参考となるのは，アレン・アイヴィ教授が提唱したマイクロ・カウンセリングにおいて使われている▶図2-1のような階層表の考え方である。

　まず弁護士・隣接法律職面談のベースとなるのは，良好な弁護士・隣接法律職とクライアントの関係を作り出すことである。そのために必要とされるのは，弁護士・隣接法律職とクライアントの間に受容的なリラックスした雰囲気を作り出すための態度や非言語的メッセージである。これが「基本的かかわり行動」と呼ばれるものである。たとえば，①視線の合わせ方，②身体的言語によるかかわり，③声の調子，④言語的追跡，といったもので，面談を行うに際してのいわば前提的な事項である。

　次に個々の事案で，まず，それぞれのクライアントが，弁護士・隣接法律職との一期一会的な関わりの中で，自らの紛争とどのように向き合うかをしっかりと見定めることのできる場であることが求められる。クライアントがそのような態度でいられるために，弁護士・隣接法律職が相談を受ける場合の要になる技法が，「基本的傾聴の連鎖」と呼ばれるものである。基本的傾聴の連鎖は，クライアントのストーリーにおける問題構成を把握し，理解するための様々なスキルを提供するものである。ここでいう傾聴とは，文字どおり，クライアントの話に耳を傾けて聴くことであり，カウンセリングの基礎としてアクティヴ・リスニング技法と呼ばれるものである。たとえば，質問技法，傾聴技法がこれにあたる。

　そして，その次の階層が，弁護士・隣接法律職から法情報を伝えたり，説明したりと，弁護士・隣接法律職からクライアントへの働きかけのための技法で

▶図2-1　マイクロ・カウンセリングの階層表

技法の統合

積極技法
（指示・再構成・自己開示・助言）
（対　　決）
（焦点のあて方）

基本的傾聴の連鎖
（質問・励まし・言い換え・感情の反映・要約）

基本的かかわり行動
（視線・身体言語・声の調子・言語的追跡）

「積極技法」と呼ばれる。「基本的傾聴の連鎖」はクライアントの視点で見るのに対して，「積極技法」は，法的観点を含めた多角的な視点で見てもらうためのもので，両者をはっきり使い分けることが重要である。弁護士・隣接法律職面談では，「積極技法」は不可欠のものであるが，「基本的傾聴の連鎖」でクライアントの話を十分に聴いたうえで，実施するようにしなければならない。弁護士・隣接法律職面談において，規範的・専門的情報の提供をどのような時期に，どのような形で行うのが妥当かについて，有用な考え方の視点を示すのが面談の構造化を考える重要な意義である。

　そこには両者を自覚的に区分けしていくことによって，弁護士・隣接法律職にとってもクライアントにとっても混乱を招かないための有効な方策になり得るという基本的な認識と実践的な意図がある。もちろん，具体的にどの時点をもって移行させるべきかを一義的に割り切ることができるものではないが，クライアントが主体性・自律性を維持，発揮しつつ弁護士・隣接法律職が法情報や専門的知識を伝えていくという相談過程を見据えていくためには有用な視座であると考えられる。

▶4　弁護士・隣接法律職面談の時系列的構造

　一方，弁護士・隣接法律職面談を時系列的に捉えてみると，▶図2-2の左側の段階1から段階5のような展開を辿ることになると思われる。

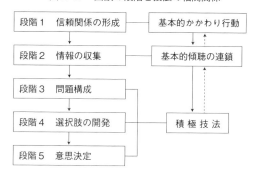

▶図2-2　面談の段階と技法の相関関係

　そして，これに先程の階層表を組み合わせて，実際の面談の展開過程に反映させてみると，▶図2-2のような全体像が描ける。

　すなわち，面談の開始時には，「基本的かかわり行動」によって，信頼関係の基礎を作り，情報の収集の段階では，分厚く情報を集めるために「基本的傾聴の連鎖」の技法による。そして，法情報や専門的知識を伝えていく段階で，「積極技法」を使用し，クライアントと弁護士・隣接法律職にとっていかなる問題構成が描け，どのような選択肢の開発が可能かを検討し，その上で意思決定をしていくという段階へと展開させる。もちろん，こうした展開は，あくまでひとつの理念型モデルに過ぎず，実際の面談過程は，行きつ戻りつしていくことになろうが，相談の展開のひとつのあり方として最初に押さえておくことには十分な意味があろう。

§2 __ 弁護士・隣接法律職面談の技法論

▶1　技法の意義

　すべての技法は，弁護士・隣接法律職からクライアントに対する一方的な働きかけや，単なるテクニックとして存在しているわけではない。技法が有効に機能するかどうかは，あくまでもクライアントがその技法をどう受け止め，どのように変化していくかということの方が決定的な意味を持っている。

　その意味で，弁護士・隣接法律職面談の本質は，弁護士・隣接法律職とクライアントとの間の特徴的な相互作用プロセスにあり，クライアントの反応，態

度，発言の意味などを常に弁護士・隣接法律職がどのように感受し，次のステップにつなげていけるかどうかにその有効性はかかっていると言っても過言ではない。

そこでは弁護士・隣接法律職の個人技・名人芸ではなく，反対にルールやマニュアルでもなく，あくまで現場の状況に依拠しつつ，しかし汎用性や伝達性を持った具体的な形として現していくことが可能な技法が求められているわけである。

▶2　技法の検証

まず技法の使用に際しては，常にどのようなタイミングで，いかなる技法を使うかという，状況依存的な判断が求められている。

弁護士・隣接法律職が，目の前で繰り広げられているコミュニケーションの有り様を，どの技法がいつ使えるかを意識しすぎて,会話を捉えることになっては，目の前のクライアントについて考えているつもりが，いつの間にか自分の都合ばかりを考えているということになりかねない。たとえば，同じ後述する「要約」という技法を使ったとしても，クライアントにとって話を良く聴いてくれているという風に感じることもあれば，同じことを繰り返されて，ただ煩わしく，わざとらしいだけと感じられることもある。

すなわち，あくまで技法自体に力があるわけではなく，コミュニケーションの相互作用をいかにして生じさせるかという「物の見方」「感じ方」こそが大切であって，結果としてたまたま特定の技法という形をとることが多いというにすぎない。そこで，そうした本末転倒にならないためには，具体的文脈の中でその都度その技法がいかなる目的のもとに提供され，有効に機能しているか否かを弁護士・隣接法律職自身で検証してみることが有益である。

では，どのようにしてその場にふさわしい技法の使われ方であったかの検証をすればよいのだろうか。

ここでひとつのヒントを提供するのが第1章で見たロジャーズの言うカウンセラーの3つの条件のひとつである自己一致（純粋さ）という概念である。

すなわち技法の使用に際して，弁護士・隣接法律職が相談の中で，ウソや偽りがなく，技巧的にならず，ありのままの自分自身でいられるときにのみ，クライアントが自分に対して防衛的でなくなることを援助できるということである。

そのためには，第1に弁護士・隣接法律職がクライアントと接しているときに自分のなかに生じている感情を，たとえ理想的なものでなくとも，否定せずにその感情を生きるということであり（ただし，その場合に弁護士・隣接法律職が自分自身の不完全さ，視野の狭さを合わせて実感できていることが大切である），第2に，その感情をクライアントに伝えるということ（ただし，その伝え方に工夫が必要である）である。

　つまり，カウンセラーのほかの2つの条件である受容とか共感的理解ということは，自分ではしているつもりになりやすいものの，実際にはリアルではなく，形式だけで型通りにしている場合も多く，しかもそのことに自分では気がつきにくい。それをクライアントから見ると，この弁護士・隣接法律職は日常のルーティーン（「わざとらしさ」）で自分に接しているのではないかと見られてしまう。いわば専門家面をしているという感じである。「この人はありのままに自分に接してくれている」とクライアントに感じてもらわなくては，変化は起こりにくい。

　このように純粋性という考え方があることで，弁護士・隣接法律職は技巧に走らず，クライアントとの会話を生き生きとしたものにすることができる。

▶*3*　技法を束ねる

　それぞれの技法はバラバラに存在しているわけではない。共通した理念に基づきながら，少しずつ意味が異なっていたり，特別の目的を有しているものもある。そのときどきの状況に応じてふさわしい技法を使う必要があるし，そのためにはどういう考え方に基づいて技法が提言されているかを十分に踏まえて，段階ごとに使うための工夫が必要である。いわば技法を束ねて使うことが有益であり，その束ねる場合の手がかりとなるのが面談の構造化の議論である。

　技法を単に知識として知っていたり，理解してもあまり有効ではない。むしろどのような簡便な技法であっても，それぞれをいつどのように組み合わせて使用するかによって，コミュニケーションの相互作用の文脈が新しく構成されることになり，その弁護士・隣接法律職の本来の力量以上の援助が行えることにつながる。ここに技法を学ぶことの意義があると言える。

　また，もともと技法は，弁護士・隣接法律職面談の一連のパフォーマンスを分解して，形として位置づけたものであるが，それをバラバラに習得しても，よい面談が可能となるわけではない。マイクロ・カウンセリングの階層表の最

上段に位置する，それを束ね，統合する力（技法の統合）が大切であり，共通の理念のもとで弁護士・隣接法律職が自ら面談過程を意味づけられてこそ，はじめて技法が活きることを忘れてはならない。

▸4　わからなさを大切にする技法

　しかし，いかに，たとえば聴くための技法を使用しても，弁護士・隣接法律職にとって理解不能なクライアントの世界が多いというのが実情であろう。

　この場合でも，弁護士・隣接法律職が，日々の業務の中で，ごく当然のこととしている判断基準をフェイドアウトしていくこと，その上で自らの視野の狭さをしっかり自覚しながら，垣間見えたわずかな手がかりからクライアントの世界をともに再構成していく努力が大切である。それは，クライアントの「わからなさ」を尊重しながらも一緒に問題解決の糸口を探り出していこうとする姿勢につながる。

　それでは，そのような関わり合いの技法は実際にどのようにしたら具体的に描くことができるだろうか。

　この場合には，クライアントの沈黙を大切にしたり，継続相談の形でしばらく間を置いてみるなど，消極的な手法にむしろ意味がある場合も多い。こうした案件では，効率的に事案を解明することや真実を明らかにすること自体に，面談の意味を置き過ぎるのは危険である。

　このような場合，第1章で見たナラティヴ・セラピーではカウンセラーのスタンスとして「理解の途上にとどまり続けること」と言われるが，判明しにくい何かと諦めずに付き合い，触れていくうちに，少しずつ疑問が解けてくることがある。割り切って理解してしまわずにこうしたわからなさにていねいに付き合う中から，曖昧なものを感じ分けていく力を身につけていくことが求められている。大切なことは，わからないものをわからないものとして知ることである。したがって，1回の短い時間の相談にあまり多くのものを求めすぎないことが肝要である。

　さて，第3章以降では，弁護士の実務場面を念頭に記述していくことにするが，隣接法律職にとっても応用可能な議論として，適宜，置き換えて理解していただきたい。

第3章
面談の準備

§1 ＿ 法律相談の諸相

　法律相談には，様々なタイプのものがあり，それに応じた準備が必要である。
すなわち，①弁護士会館や市役所などでの一般法律相談，②知り合い等からの
紹介による自らの事務所での相談，③継続相談，④事件受任を前提とする主張・
立証準備のための相談，⑤顧問先企業との継続的な多様な相談など，である。

　したがって，どのタイプの相談かによって，クライアントにとっても弁護士
にとっても準備できる程度や内容が大きく異なっている。すなわち事前にコン
タクトが可能な，あるいはすでにそれまでに相談を行っている②以下の場合は，
相談内容の概要を電話などで聞いたり，あるいは前回の相談で次回に持参して
きてもらう書類などを指示することが可能である。また，相談者の性格や特徴
もある程度把握できていよう。しかし，①の場合には，通常クライアントの自
主性に委ねられていることが多いため，クライアント側でどのような準備をし
てくるかは様々である。また弁護士側も②以下であれば，事前に法的問題につ
いて法令・判例などを調べておくことが可能であるが，①であれば，直前まで
相談者や相談内容はわからないということで特別の準備は困難である。

　弁護士は，かつては紹介者からの紹介によって法律相談に応じるというプロ
セスを辿るケースが多かった。しかし，現在は弁護士会や法テラスなどの努力，
あるいはインターネットなどの普及によって，そのようなルートを持たない市
民に広く弁護士へのアクセスを確保し，また，公設事務所，弁護士会館，市役
所，デパート，法科大学院の相談所など各種のところで広く法律相談が行われ
るようになった。

　したがって，②より①のタイプの相談が多くなってきており，弁護士面談の
基本を考えていくうえでも，このスタイルを原則として捉えて，スキルの習得

を図ることが汎用化への道を開くものであると考えられる。

　しかし，事前に情報が収集できる性格の相談であれば，資料を用意してもらう方がより充実した相談が可能となるので，まずは，そのような場合の留意事項について検討してみよう。

§*2*＿ 事前情報の収集

▶*1*　紹介者もしくは当事者についての情報入手

　事前にコンタクトが可能な場合には，相談前にクライアントに関する情報を入手しておくと便利である。この場合でも，できるだけ直接相談に来るクライアント本人と電話やメールでやりとりをして行き違いのないようにし，どのようなクライアントかの概要をつかんでおくと当日の相談がスムースになる。

　また企業の場合など，クライアントや相手方に関してインターネットなどで公開されている程度の概略的な情報を得ておくと便利な場合がある。

▶*2*　簡単な相談内容の聴取

　電話などで事案の簡単な概要を聞くことができれば，それが望ましい。これによってクライアントに事前に調べておいてもらう事項，持参してもらう書類がわかることが多いし，弁護士自身が当該分野の法令・判例などを調べておくことも可能となる。

　しかし，顔が見えない電話やメールで内容にあまり深入りするのは，かえって中途半端になって，クライアントが戸惑うことも多く，なかには会ってもいない段階でしゃべりたくないという人もいるので，クライアントの対応状況を考えながら，たとえば「相続問題」というタイトル程度に留めざるを得ないこともある。

　また，準備ということで効率性を重視しすぎると，かえって事前にクライアントが言いたいことを言えない状況を作り出してしまうこともある。そこですでに面談の準備段階から面談は始まっていると考え，クライアントの立場を重視して，「訊く」ではなく「聴く」姿勢を持って準備自体に臨むことが必要である。

▶3 持参してきてもらう書類の指示

　法律相談では，ときどき肝心な契約書や遺言書，登記簿謄本などの重要書類を持たないで相談に訪れる人もいるのが実情である。

　したがって，事前のコンタクトが可能な相談であればその際に法律相談に持ってきてもらう書類を指示しておくことが望ましい。

　たとえば，契約書類などの細かい条項の解釈が問題になる場合には，先にFAXやメールで送ってもらっておくことも有用である。

　また，重要書類（契約書・登記簿謄本・戸籍謄本・領収書など）は，なるべくすべて持ってきてもらうことが必要である。内容によって複雑そうな事案では，関連ありそうなものを全部持って来てください，と言っておくのも必要書類の持参漏れを生じさせないひとつの工夫である。

▶4 利益相反のチェック

【1】 利益相反が問題となる具体的場合

　通常の法律相談の場合は起こりにくいが，デパート，弁護士会などで相手方から法律相談を受けたことがあるケースを，気がつかないで相談に応じてしまうということがまれにある。

　また複数の弁護士で構成されている法律事務所の場合にも，同僚が相手方の相談に応じていたり，事件を受任していないかのチェックが必要となる。

【2】 紹介者がいるときの留意事項

　クライアントと紹介者との利益相反関係（たとえば，貸金業者が借主を同行する場合など）に注意する必要がある。その他紹介料を取っているなど非弁護士との提携でないかも留意するポイントである。

> 【問題】
> 　知り合いの紹介と言って，相続のことで相談に乗って欲しいと事務所に電話がかかってきた場合，弁護士であるあなたは，まずどのようなことを話しますか。

§**3** __ 面談対象・方法の設定

▶**1** 面談相手の属性——誰と面談するか

　相談を必要とするのは実際は誰なのか，真のクライアントが誰なのかを把握することは重要である。しかし，それが最初は困難であったり，本人以外の者が面談を希望してくる場合も少なくない。とくに相談に訪れた者が，本人の家族や親しい友人であった場合などの対処法が問題である。

　たとえば，娘の離婚相談で父親が相談に来るという場合がある。この場合，論理的に考えると，離婚の問題を抱えた当事者でない者から話を聞いても離婚の意思や結婚生活の事情の詳細がわからないのだから，責任ある対応はできず，娘に来てもらわないと相談に乗れないとして断るという考え方もあろう。本人に来てもらうことが可能ならばそれに越したことはないが，しかし，よく考えてみると相談主体は娘の離婚をめぐって不安を抱いている父親であるという捉え方もできる。この場合父親自身の問題，父親の見方や考え方について弁護士として対応することは十分に可能である。法的判断そのものについては，限定された事情しかわからないもとでは，結論は明確には示せないとして留保付でしか話はできないが，家族をめぐる全体状況の中，父親との関係を接点として部分的に関わるということをあえて否定する理由はないように思う。

　しかし，父親自身の問題に還元できない場合などでは，一般的な法的知識の提供以上には当事者自身の個別的な問題状況に即した対応はできないのであるから，基本的な限界を予め十分に説明しておく必要があろう。特に相談過程で父親から娘の考え方が提示されるような場合には，慎重な配慮が求められる。

▶**2** クライアントの人数

【1】 一般的な場合

　原則として，クライアント1名と面談するのが望ましい。しかし，クライアントによっては，家族や利害関係者を伴って相談に訪れる人も時々いる。一般的には，こうした場合に同席してもらい同時に話を聞くと，それぞれの関心や思惑の違いから，バラバラなことを言って話が深まらないことが多い。また肝心の直接の当事者本人が黙っていて，親などがもっぱらしゃべるということが

起こったりすることがある。

　こうした場合は，弁護士側から同席については構わないが，基本的に直接の当事者本人からまずは話をしてもらうことにして，一通り済んだところで，他の人に発言してもらう機会を作るなど手順について予め確認しておいた方がよい。

　複数で来ているということには，親の方がもっぱら心配しているとか，事案に応じた様々な理由が考えられ，その相互関係を見ていくには意味があるが，クライアントのニーズがはっきりしなくなるリスクがあるので，同席者を含め関心のあり方の違いに焦点を当ててみると新しい見方ができることもある。この結果，事情によっては本人以外は，席を外してもらう必要が生じる場合も起ころう。

　なお，たとえば本人と同席する親族のクライアント相互間に葛藤があるような場合については，相談のメデイエーション（対話促進型調停）的展開という特殊問題として第6章を参照されたい。

【2】　企業の場合

　企業の場合は，責任者は一定の意思決定をする権限を持っており，現場の担当者は実際の情報を良く知っていることが多い。したがって両者が一緒に来た方が，一般的には充実した展開が期待できるが，お互いに相手がいると話しにくいこともあり，弁護士としては正確な情報を把握するには別々に事情を聞く必要が生じる場合もある。

▸3　弁護士の人数

　たとえば，事務所に複数の弁護士がいる場合に，何人で相談に応じるのがよいかという問題がある。

　取引をめぐる相談や複雑な権利関係をめぐる争いなどのように，聴取の際に聞き漏らしや誤解をさけ，争点を正確に把握し，できる限り的確な法的判断を示していく必要があって，クライアント自身も問題を整理する能力が高いといった場合には，できれば複数（3人程度まで）の弁護士で相談にのる方が望ましい。

　しかし，複数だとクライアントと弁護士の関係が拡散して信頼関係を形成しにくいことがあり，たとえば離婚事件などでは，単独で対応する方が，クライアントも落ち着いて話ができるといった面もある。また，たとえば2人の弁護士が相談に応じる場合でも，聞き役は基本的にいずれかとして，もうひとりは

メモを取ったり，補充的に聞くことにするなど役割分担を明確にして，クライアントの混乱を招かないようにする工夫が必要である。事務所のパートナーとアソシエイトで面談する場合にはこうした役割分担はしやすい。また，難しい問題を含むクライアントや倫理的問題を含む案件などの場合には，弁護士1人で対応することを避ける方が望ましいという場合もあろう。

▶4 面談の場所，相談時間，相談料

【1】 面談の場所

　重要なのは面談の場所である。専用の面談室があって，秘密性が確保できる場所があれば一番良い。クライアントによっては，こうした点に非常に敏感な人もいる。

　しかし，場所的制約から事務スペースと面談室を区分けできず，事務スタッフに話が聞こえてしまう場合もあろう。この場合でも，秘密は確実に守られるということをクライアントに告げておくと安心が得られやすい。

　また面談室の机や椅子の構造も重要である。ソファの応接セットはリラックスできるが，資料を広げにくく，メモなどを取りにくい。そこで，少し大きめのラウンドテーブルで，相談に応じられる状況が望ましい。できればリラックスできるように，花や絵がさりげなく部屋に飾られていることも効果的である。

【2】 相談時間

　弁護士にとって相談時間をどの程度確保できるかによって，相談過程および，その内容は大きく異なったものとならざるを得ない。

　リーガル・カウンセリングの考え方からすると，クライアントの話をていねいに聴くところから始めることになるので，どうしても長めの時間が必要となる。したがって弁護士会や自治体の相談で多く見られるように30分程度を単位とする相談では，短か過ぎるという場合が多い。反面，むやみに長ければよいというものでもない。

　弁護士やクライアントの集中力や面談の構造化という視点から考えると，適度な時間枠というものがあり，クライアントや事案の内容によってももちろん個別に異なるものの，通常の場合は1時間程度，長くても1時間30分くらいという具合に一般的には想定されよう。

　しかし，相談料の負担増を押さえるなど様々な制約から限られた時間で相談を終了せざるを得ないニーズがあることも否定できないところである。こうし

た場合には，たとえば30分の相談であれば，最初の10分はクライアントの話を
まずは聴き，次の10分は弁護士側から不足事項を尋ね，最後の10分で法情報提
供や両者協働で選択肢の開発あるいは意思決定を行うというように大まかな目
安を立てて相談に臨むことが必要となろう。

【3】 相談料

　法律相談料というお金の影響も大きい。クライアントからすると長い時間相
談をしたい反面，長くなると相談料がかさむという不安がある。弁護士側も，
弁護士会などでの相談ではとくに時間を気にしながらの相談になる。こうした
点は，相談内容や過程にも当然に影響を及ぼさざるを得ない。

　また，かつては，法律相談は事件受任をするかどうかの振り分けとしての意
味を有し，独自の位置づけを与えられにくかったことがあった。また，現在で
も，多くの相談者を集める目的で，初回の法律相談料を減免するところもある。
こうしたことが，法律相談の質について，必ずしも十分な配慮がなされてこな
かった一因をなしてきたように思われる。

　このように相談時間と相談科は弁護士面談のあり方の根本に関わる問題を含
んでいる。

　法科大学院におけるリーガル・クリニックでは無料相談を原則としていると
ころも多いが，相談時間や相談料と相談過程の持つ意味の相関関係をもう一度
検証してみることは大きな意義があると思われる。

▶5　メモの作成など

【1】 メモの作成

　法律相談の最中に弁護士がメモを取ることの是非が問題となる。

　実際上の問題としては，弁護士が下を向くことになってクライアントに集中
しなくなってしまうのではないか，クライアントの気を散らすのではないかと
いうことである。

　しかし，話を聞いているうちに，関係者の名前やその相互関係などどうして
も記録しておきたいことが出てくる。またメモの作成によって，弁護士自身が
問題を整理したり重要事項を記録しておくことで，いったん聞いたことを忘れ
てしまうことを防止できる。

　とくに相続事件での相続関係図などは書いておかないと相談の途中でも混乱
するし，またクライアントが弁護士の作ったメモを使って説明することが可能

になるという共同作業的な状況も出現する。

　したがって，メモの作成については，結局どのくらい書くかは程度の問題というのが一般的なところであろうが，なるべく簡潔にして，しかも下を見たままでメモを取ることはできるだけ避けた方がよい。

【2】　面談中の電話の取次

　面談中にかかってきた電話にむやみに出る弁護士はクライアントに対して，その人よりも何かもっと重大なことがあるのだと伝えることになる。急用の場合には事務局から弁護士にメモを渡してもらうなどの工夫を予め取り決めておくのが好ましい。

　このように最初に行われるべきことは，クライアント・弁護士の双方が感じている不安や緊張をできるだけ取り除き，リラックスした，しかも集中できる相談の雰囲気を作り出すことである。

【問題】

次のような場合，弁護士としてどのような点に留意しますか。

1　従業員同士の社内トラブルの相談に上司が同席を申し出た場合

2　遺言書作成の相談に，推定相続人である長男が同席を申し出た場合

3　娘の離婚について母親から相談の申出があった場合

第4章
面談の開始と展開

§1＿ 面談の導入

▸1　導入のあり方

　弁護士とクライアントは，顧問先のような場合を除いて，もともと互いにまったく知らない他人同士であり，その意味で，面談とは新たな出会いの場である。したがってたまたま出会ったという機縁に心を置いて，面談の導入のあり方を考えてみる必要がある。

　クライアントは様々な問題と不安を抱いて弁護士を訪れる。「何をどこから話したらいいのだろうか」「私の気持ちがわかってくれるだろうか」「丁寧にアドバイスしてくれるだろうか」などその想いは様々である。弁護士の方も，事前情報が与えられていなければ，「どんなクライアントだろう」「どんな相談内容だろう」など，同じように不安と緊張を覚えるものである。

　したがって，弁護士面談の開始にあたっては，まず弁護士・クライアント双方が感じているこうした不安や緊張を取り除き，リラックスして相談が始められるような気持ちを互いに感じ合う雰囲気作りが必要である。

　そこで，リラックスした気持ちを作り出し，円滑なコミュニケーションを成り立たせていくための具体的な工夫が求められる。

▸2　基本的かかわり行動

　「基本的かかわり行動」とは，弁護士・クライアント間のコミュニケーションを確立していく前提となる弁護士の基本的態度である。

　その多くは非言語的なメッセージに基づいている。これによってクライアントに，自分自身はこの弁護士に受容されている，尊重されていると感じてもらうための行動である。

弁護士はリーガル・マインドの習性で，言葉を通して，しかもどうしても理屈で物事を考えようとしがちである。しかし，相談の現場に立つためには，言葉と合わせて身体で問題を感じることが必要である。そうすることによって，弁護士がクライアントと交わす言葉や関係自体がほぐれていくという経験をすることができる。

　すでに述べたように，マイクロ・カウンセリングのアイヴィは「基本的かかわり行動」として，①視線を合わせること，②身体言語に気を配る，③声の調子，④言語的追跡の4つを挙げている。

【1】　視線を合わせること

　クライアントと向かいあって話をするとき，相手の目を見て話をしているだろうか。文化的な違いもあり，視線を合わせ過ぎると，とくに日本では見つめられているという感覚がかえって抵抗を生む場合があると言われている。しかし，視線が定まらなかったり，下ばかり向いていたり，メモを書くのに一生懸命になっていたのでは，この弁護士は自分に注意を払っていてくれていないというメッセージになってしまう。基本的には男性で言えば，ネクタイの結び目の位置程度に視線を合わせ，ときどき目を見るという感じがよい。ポイントはクライアントに聞いてもらっているという感覚をどう持ってもらうかということであり，目は口ほどにものを言うのである。

【2】　身体言語に気を配る

　体から発せられるのが身体言語であり，座っている姿勢，身振り手振り，ちょっとした仕草などがこれにあたる。腕を組みながら，肘をつきながら話を聞いていると，クライアントはどのような感じを受けるだろうか。偉そうにしている，やる気がなさそうだ……様々なメッセージが伝わってしまうはずである。時計をちらちらと見る……とすれば時間を気にして面談を早く終わらせたがっているというように受け取られることだろう。

　こうしたメッセージは，思っている以上にクライアントに影響を与え，その後の相談内容や気持ちにも大きな変化を生じさせることになる。

　反面，話しをしている時に身振り手振りを使って説明したり，表情に変化をつけることで，より良く聞いているという印象を持ってもらうことができる。

　有意義な話し合いになっているときは，一般に人は，話している相手の方を向き，やや前傾姿勢をとっている。

　こうした非言語的コミュニケーションは，言葉を媒介としないため身体や環

境を通じて，しばしば送り手の無意識から，受け手の無意識へと直接に作用してしまう。

　そのために，送り手・受け手の知らない間に，相談過程に様々な影響を与え，しかもそれをコントロールすることが難しいということが起こる。

　弁護士としてはクライアントから非言語的コミュニケーションによって伝達された内容（たとえば，クライアントがそわそわしている，黙って難しそうな顔をしている，体調が悪そうで，辛そうにしているなど）を意識の水準で受け止め，これを言語化してクライアントに返していく作業が必要な場合もある。

　そのためには，非言語的な行動を読み取るべく非言語の部分に敏感になり，与えられた状況の中でこれを感得できるように練習と経験を重ねていかなければならない。

【3】　声の調子，言葉遣い

　話す言葉とともに大きな力を持っているのが，話しっぷりというものである。

　早口にまくし立てるようにしゃべる弁護士，威厳を持って偉そうに難しい言葉を並べたがる弁護士，ざっくばらんに友人のようにフランクにしゃべる弁護士……それぞれ，クライアントが持つ印象も様々である。専門用語は使わずわかりやすい言葉を使うことや偉そうにしないことなどは一般的に言えることとしても，基本的には，良いと思われる自分自身の持ち味を自覚し，これを生かしていくという態度が自然であろう。

　なお，この問題については，ペーシングという技法が有効である。

　ペーシングとは，クライアントの雰囲気，話すスピード，声のトーンや大きさ，語尾などに，できるだけ弁護士も同じように合わせてみることである。

　このようにクライアント自身の示しているコミュニケーションの特徴を踏まえた対応をすることで，スムーズな展開となって，安心感や親近感という「雰囲気」を導き出すことができる。

　ここでは感覚としての「違和感」を作り出さずにすむことが，もっとも大きな効果であり，その結果クライアントはいつもどおりの落ちついた対応が可能となる。

　この技法を活用するためには，基本的にクライアントが今どのような状態でいるか，その場の雰囲気はどうかという点に対する観察力を鍛えておくことによって，より効果的な対応が可能となる。

【4】 言語的追跡

　相手の話についていくという弁護士の基本的態度をいう。これは，ペーシングとも関連するが，弁護士はどうしても，むしろ自分が中心にしゃべりたがってしまう傾向が強い。あくまでクライアントの話についていくという姿勢が重要であり，弁護士側で，いたずらに話題を変えたり，話しの途中で口をはさんで一方的にコメントしたりしないという態度が必要である。

　〈言語的追跡をしない例〉
弁護士「家主にはどのように話をしているのですか？」
クライアント「何もまだ話をしていないんです。」
弁護士「自分は転勤で引越したわけですから，知り合いに貸すことを早く言わないとダメですよ。」
クライアント「でも，まだ友人はこれから入居するわけだし……」
弁護士「転勤先に落ち着いてからでは遅いですよ。解除されちゃいますよ。」
　〈言語的追跡に留意している例〉
弁護士「家主にはどのように話をしているのですか？」
クライアント「何もまだ話をしていません。」
弁護士「話をしていないのですね。話をしないのは何か特別に理由がありますか？」
クライアント「とくにありません。ただ面倒くさいだけです。」
弁護士「面倒くさいだけなんですか。それなら友人との契約前にちゃんと承諾の書類を交わしておいて，解除されないようにしておく必要があると思いますよ。」

▶3　弁護士面談導入の実際

【1】　クライアントを迎える

　弁護士は，クライアントが相談の始めから終わりまで居心地よく感じてもらえるよう心にとどめておく必要がある。

　面談室と待合室とが分かれている場合には，弁護士自らが待合室に出迎えていく方が，クライアントは親近感をもつことができる。弁護士会などでの法律相談のように弁護士が予め面談室に座っていて，クライアントを待つシステムになっているところでは，ドアから入ってきたときは，弁護士も立ち上がって

会釈をし，「○○さんですね。どうぞこちらにおかけ下さい」と，快く招き入れる姿勢を取ることが望ましい。

【2】 自己紹介

まずは，クライアントと弁護士の挨拶から始まるのが通常であろう。弁護士は通常「弁護士の○○です。どうぞよろしくお願いします」と名乗り，クライアントは，やはり自分の名前を述べることになろう。

弁護士会の法律相談などでは，相談カードが事前にクライアントに渡され，氏名・住所・電話番号・年齢・職業など最低限度の情報を記入しておくことになっており，その簡単な確認から入るのも何気ない話から入るという意味で有用である。

法律事務所などでは，名刺の交換から始まることも多いであろう。

これらは形式的なことのようであるが，新たな出会いとして，その人となりの全体的な印象を知り，信頼関係を形成していくスタートとして重要な意味を持っている。

【3】 アイスブレイキング（気持ちをほぐす）

出会い頭の緊張状態という氷を溶かすためのスキルである。

クライアントとの面談では，最初に多少の「雑談」から入ることが望ましい。その日の天候や交通事情，あるいは，相談者の住所を見て，「遠くから来られたのですね」と述べるなど身近な話題が一般的には適切である。

本題に入る前にどのくらい雑談をするかは，一概には言えないところがある。はじめてのクライアントの場合には，クライアントがどのような気持ちや態度でいるかという確認を兼ねて少し長めに雑談を行う意味がある。すぐに本題に入ってもかまわない状態であるかどうか，すなわち緊張状態にないか，精神的に不安定な状態になっていないかなどをアイスブレイキングを使って，最初の段階で見極めてみることが有用である。話しにくそうにしている場合は，守秘義務を負っていて秘密は守られることを説明してみる。

〈面談の導入例〉
弁護士「こんにちは，○○○さんですね。私は弁護士の○○です。はじめまして。」
クライアント「よろしくお願いします。」
弁護士「すぐ事務所の場所はわかりましたか？　ちょっとわかりにくいところだから……似たようなビルが多くて……。」

§2 — 面談展開の技法

▶1 質問技法

【1】 質問技法の意味とねらい

　弁護士が，クライアントにどのような質問の仕方をするかによって，相談過程は大きく変わってくる。クライアントが質問をどう受け止め，どのような気持ちを抱くか，どのような話を引き出し，いかなる情報が得られるかなど，両者のコミュニケーションのあり方そのものが質問によって異なったものになるからである。

　ところが，弁護士は，経験的に，法的な判断に必要な情報を収集しようとして，法規の構成要件を意識しながら，その枠組みの中で，いろいろな角度から，様々な種類の質問を次々と繰り広げてしまう傾向がある。しかし，反面，そのような質問の仕方をすることがクライアントにいかなる影響を与えているか，クライアントにとって好ましいものかについては，概して無関心である。

　そこで，どのような質問の仕方をしたらいいか，その種類や長所・短所，質問の留意事項を予めよく知ったうえで，相談に臨むことが必要である。各種質問の特徴や，どういう場面で使用するのが適当かという点に習熟していると，クライアントの気持ちに即しつつ，より適切な情報を得ることができる。まずは，クライアントの情報提供力を削がないことが重要である。

【2】 質問の種類

　① 開かれた質問（Open Question）

「今日は，どのようなご相談でいらっしゃいましたか。」

「もう少し詳しく話をしていただけませんか。」

「ほかに何かありますか。」

〈例〉

弁護士「今日はどのような件で来られましたか？」

クライアント「あのう，家を貸しているんですが，そのことでお聞きしたいことがありまして。」

弁護士「家を貸しておられるんですよね。もう少し詳しく話をしてもらえますか？」

クライアント「3年程前に，島田さんという人に貸し始めたのですが，とてもひどい使い方をするんで，もう我慢ができないんです。ですから，何とかできないかと……。」

弁護士「ひどい使い方をするんですね。どんな風にですか？」

　開かれた質問とは，話し手の自由な応答を促すような質問で，「はい」「いいえ」のように一言では答えられないような質問をいう。この場合，話し手は，何からでも話をすることができる自由があり，主体的に発言することができる。

　クライアントは，「自由に話をさせてもらっている」と実感することができるので，信頼関係の形成につながり，アクティヴ・リスニングという考え方にふさわしい技法であると言える。とくに，話し手に話したいことがあり，自由に話したいと思っている場合には，もっとも大事に思っていることを話すことができ，話し手を満足させることができる。したがって，この結果，「十分話を聞いてくれなかった」といった聞き手と話し手のニーズの食い違いが起こることを回避できる。

　また，言いにくい話題を話すかどうかや，どのタイミングで話しをするかが話し手に委ねられるので，個人の自律性を尊重する質問の仕方であるとも言える。さらに，クライアントに自由な発言を促すので，その効用としてクライアントが新しいことを思い出したり，その間にいろいろと考えて，話の内容の正確性や厳密性が増すことも多い。

　しかし，開かれた質問には，いくつかの問題点もある。

　ⓐ　質問があまりにも漠然としているため，話し手が何を話せばよいのかわからないという場合がある。たとえば，初対面の弁護士の前で緊張したり，あるいは話をどこから始めて良いかわからず，短い反応しか返ってこないといった場合である。

　ⓑ　次に，開かれた質問では十分な情報を得ることができない場合がある。このため，大事な事項や都合が悪いため黙っている事項が話されずに面談が

終わってしまうことが起こる。

　　ⓒ　聞き手にとって，必要な情報以外の話が続き，時間がかかってしまうという問題がある。

　なお，開かれた質問には，「車が接触したときの様子について，もう少し詳しく話してくれますか」というように，話題を限定しつつ，その話題について自由に話をしてもらうという「分野を絞った開かれた質問」というべきものもある。これによって，話を明確にしつつ話の内容をふくらませることができる。

　②　閉ざされた質問（Closed Question）

「夫と離婚する気持ちはありますか。」

「賃貸借の契約書は持ってきていますか。」

「預金通帳は誰が持っているのですか。」

　〈例〉
　弁護士「今日はどうしたんですか？」
　クライアント「あのう，家を貸しているんですが，そのことでお聞きしたいことがありまして。」
　弁護士「いつ頃からですか？」
　クライアント「3年程前からです。」
　弁護士「どのあたり？」
　クライアント「世田谷区の……です。」
　弁護士「住居用ですか？それとも営業用ですか？」
　クライアント「住居用なんですけど……。」

　閉ざされた質問とは，話し手の応答が限定されていて，「はい」「いいえ」もしくは一語か二語で答えられるような質問をいう。閉ざされた質問は，聞き手の意図に従って話し手から情報を引き出そうとするときに用いられる。したがって，細部についての情報を得ようとするときには，有用である。

　閉ざされた質問は，話し手としては，聞かれていることが明確であるから，答えるべき範囲もはっきりしていて，応答するのは基本的に楽である。

　しかし，閉ざされた質問には，いくつかの問題点もある。

　　ⓐ　まず，クライアントが思っていることが話せないということが起こる。この種類の質問を続けて受けると，こちらの言いたいことを十分聞いてくれ

ないという不満をもたれやすい。したがって，両者の間が，パターナリスティックな関係に陥りやすい。

とくに弁護士は，法規の要件事実について確認しようとして，どうしてもこれに当てはまる事実があるかをピンポイントで聞こうとしがちである。あるいは証人尋問の要領で，一問一答で答えさせることを相談でも試みてしまい，その結果閉ざされた質問が多くなりがちである。しかし，閉ざされた質問は，クライアントが，もっと話を深めていけるような雰囲気の中で用いることが大切であり，効果的である。

ⓑ 欲しい情報が確実に得られる反面，重要な情報を聞きそこなうリスクがある。このことは，開かれた質問とどのようなタイミングで使い分けることが大切かを示唆している。

ⓒ 閉ざされた質問は，次の誘導質問と同じように，ある特定の答えをほのめかすことになって，答えとしては正確性を欠くことがあり得ることに留意すべきである。

ⓓ また，たとえば，「離婚する気はありますか，ありませんか？」といった質問のように，クライアントにとっては，そもそも状況によってはイエス・ノーで答えにくい領域があり，このような場合は，無理に態度決定を迫ってしまう恐れがある。

③ 誘導質問

「もともと次男に財産をあげる気持ちはなかったのではないですか。」

「あなたの位置からは，現場は見えなかったのではないですか。」

クライアントが話しにくいあるいは話したくない事柄について，問いの中に誘導的な言葉を入れて，答えを導こうとする場合である。

誘導質問では，クライアントが，はっきりしていないことを，一定の方向に向かわせようとすることから，不正確な内容を吹き込んでしまいがちである。また，重要な情報を聞き逃す恐れもある。しかし，反面，誘導質問は，相談者が話をするのに抵抗を感じているような場合には，有効な手法である。

④ 原因・理由を聞く質問

「原因は何ですか。」，「理由は何ですか。」，「どうしてですか。」

因果関係的思考になじんでいる弁護士は，この種の質問をよくする。しかし，こうした質問は，クライアントに，しばしば「非難」「叱責」の言葉として伝わり，防衛的感情を引き起こす。「どうしてもっと早く相談に来なかったので

すか」などの質問は，たとえ非難の意図を持っていなかったとしても，避けたほうがよい。この場合は，「なぜ」「どうして」という言葉で質問をはじめなければよい。たとえば，「相談に来にくかったようですが，その気持ちについて話していただけませんか」などと尋ねる。このような質問も「開かれた質問」であり，面談を豊かなものにつなげやすい。

⑤　質問の形をとった意見

質問技法で，もうひとつ重要なことに，意見を質問にすり替えないことがある。弁護士が，意見を伝える際，自分の意見や判断に自信が持てないときに，意見を質問の形にすり替えて伝えてしまうことがある。たとえば，「あなたの考えには無理がある」という意見を「あなたの考えには無理があると思いませんか」と伝える。本来は，自分の意見・判断であるのに，質問という形で相手に答えを求め，相手に責任を取らせようとしていることになる。そのような態度は，クライアントを混乱させることにつながる。

【3】　質問技法の実際の使い方

それぞれの質問をどのような場面で使用するかをうまく使い分けることが重要である。まず，とくに初回面談のように，クライアントのニーズがはっきりしないときには，できるだけ開かれた質問をして，物語の全体像を自ら語ってもらうことが大切である。この点は，次項に述べる傾聴技法とリンクしていることになる。

また，一般的には，最初は「開かれた質問」を用いてできるだけクライアントの話を聞き出しておいて，全体的なストーリーがある程度つかめたところで，不足部分を「閉ざされた質問」で掘り下げていくといういわゆるＴ字型質問法が有効である。

しかし，定型的な型や枠にはまるクライアントはいないし，たとえ同じ人であっても，あるいは同じ質問の仕方であっても，どう受け取るかは，そのときの状況によって異なる。したがって，ひとつひとつの質問をクライアントがどのように受け取っているかを弁護士の方で注意深く観察しながら，両者の関係のあり方の中で，次にどういう質問をするかを組み立てていくことが必要である。

〈例〉
弁護士「どうぞおかけ下さい。今日は，どのような相談でお越しになられましたか？」(開かれた質問)

クライアント「えーと，夫との離婚のことで……。」

弁護士「そうですか。今は，どんな状況なのでしょうか。」(**開かれた質問**)

クライアント「はい，半年前から私が実家に戻って別居しています。いろんなことがあったものですから。」

弁護士「いろんなことがおありになった。いろんなことというのは？」①(**開かれた質問**)

クライアント「それはほんとにいろんなことなのです。ずっと私は耐えてきました。でも，もう我慢できないんです。」

弁護士「どのようなことがあったのか，もう少しお聞かせいただけますか？」②③(**開かれた質問**)

【4】 質問技法のケース検討

① たとえば，ここで「結婚して何年になりますか？」という質問をしたらどうだろうか。クライアントは，「いろいろなこと」を思い浮かべている状況について，それ以上話をすることができなくなってしまう。

② たとえば，ここで「今はどのようなお気持ちですか？」という質問をしたらどうだろうか。開かれた質問であれば，どのような質問でも良いということではなく，クライアントの話をよく聴き，話に沿った形で質問を続けることが必要である。

③ 開かれた質問にも，ⓐ事実について答えやすい，「どのようなことか？」という質問，ⓑ感情について答えやすい，「どのように？」という質問，ⓒ原因を聞く「どうして？」という質問がある。最後のものには，前述のような問題が含まれている。

【問題】

次の閉ざされた質問を開かれた質問に言い換えてみてください。

① 奥さんと離婚する気持ちはありますか？

② あなた自身の行動を変える必要があるのではありませんか？

③ 相続放棄をするつもりはありますか？

④ 相手方とは対立状況が続いているのですか？

【問題―スキルプレイ】
　クライアント・弁護士・観察者の三者に分かれて，次の事例を前提に開かれた質問と閉ざされた質問を使って面談の導入場面について５分程度の短いロールプレイをしてみてください。
　クライアントは夫（会社員）と別居して３か月が経過した女性で，生まれたばかりの男の子がいる。夫は子育てに協力せず，妻は育児ノイローゼ気味で，離婚するか家に戻るか迷っている。

▶2　傾聴技法

【1】　相談の基底としての傾聴

　傾聴（アクティヴ・リスニング）とは，クライアントの話をさえぎらずに，常に肯定的関心を持って，耳を傾け続けるということである。

　なぜ傾聴が必要かといえば，①クライアントが弁護士によって，受け入れられていること（受容）を実感させることで，信頼関係を形成していく基盤になることができること，②クライアント自身の手で言いたいことを明らかにしてあげること（＝明確化）によって，自らの問題解決能力を発揮させることに対する強力な援助になることである。

　そして傾聴を支える弁護士の基本的態度としては，クライアントの話の背後にある心の動きに耳を澄ますこと，そして弁護士自身が自分の心の動きに耳を澄ますことが重要である。クライアントの話を，しっかり受け止めるには，弁護士の内部に沸き起こってくる，自分の感情（たとえば，その気持ちはとてもよくわかる，あるいは反対に理解できないなど）に対する「気づき」を大切にすることが必要である。これによって，お互いのものの見方を理解し，共感を伝えることが可能となる。

　たとえば，次のような場面を想定してみよう。

　クライアントが不安そうに相談室に入ってくる。あるいは固い表情で佇んでいる。ときには思いつめたように弁護士を見つめている。そこでクライアントが語り出す物語は様々であり，いきなり法的な結論を求めようとする人もあれば，唐突に人生相談のような話が始まることもある。弁護士もときに戸惑い，話を聞くうちに，ずいぶんと変わった話だなと思い，あるいはクライアントの硬直的とも思える考え方についていけないなど，違和感を覚えることもある。

このように法律相談にあたって、クライアントの話を聴いていると、弁護士自身の中にいろいろな声が湧き上がってくる。

「ずいぶん無理を言うんだな……」

「自分のことで精一杯で、相手の立場を全然考えられていないなあ……」

「結局どうしたいのだかよく理解できないなあ……」

わかる、理解するというのは、感情の一致、意見の一致をみるということではない。むしろ同じことに直面しても、ああこの人はこんなふうに感じるのかというように、自他の間の差異を深く、そして微細に思い知らされるということである。他者の理解においては、同じ想いになることではなく、自分にはとても了解しがたいその想いを、否定しようとするのではなく、それでも了解しようと努めること、つまりそのわかろうとする姿勢にこそ他者は応えてくれるということである。

【2】 傾聴の根幹としての受容と共感

① 受容

受容（受け入れられていること）とは、クライアントが自己の存在を受け入れられていると感じられる、弁護士の関わり方のことをいう。傾聴は受容をクライアントに実感させるもっとも効果的な態度である。

ところが、法律相談の現場では、クライアントは、この「受け入れてもらう」という体験をさせてもらえないまま相談が推移することがある。「一方的に結論を押し付けられた」「話を聞いてくれなかった」など法律相談への不満の多くはここにある。弁護士の中には、いろいろと問題行動を起こしたクライアントの場合、そのまま受容することは困難であると考えている人もいる。もしそのような疑問を感ずる向きがあれば、「人」と「問題」を切り離し、「人」については受容し、「問題行動」について、一緒に考えていく姿勢を取れば少しは異なった見方ができるであろう。

クライアントが受容を体験するとき、弁護士の関わりには、ⓐクライアントに関心を向けている、ⓑクライアントの存在（発言や態度だけでなく表現されていない部分も含めて）を受け入れている、ⓒクライアントの主体性（思考・判断・意思など）を積極的に認めている、といった特徴が見られる。

また、クライアント側の受容体験としては、ⓐ安心感を生む、ⓑ認められているという感覚をともなう、という特徴がある。

② 共感

共感とは，クライアントの経験を追体験して理解する姿勢をいう。

　共感において大切になるのは，クライアントに即した体験理解である。すなわちクライアントの体験をそのまま感じとる感受性の働きである。

　人間とはこういう状況のもとではたぶんこんなふうに感じる，ということが弁護士なりにわかってくる。それを踏まえて，いまここでのクライアントに対応していく。そうすると，人間というものは，あなたと同じような状況に陥るとたぶんこんなふうに感じるものなのか？といった確かめが必要となる。これが共感を伝えるということである。

　その意味で個人としては，とても共感できないなと思ったときから，むしろ共感的理解は始まるともいえる。共感は同情とは異なり，弁護士にクライアントと同じ考えに立つことを求めるものではない。このクライアントにとって，世界はどのように見えているのだろうか。クライアントの体験を察していくプロセスが，クライアントにとって自分がわかってもらっているということを確認させ，一人で問題に取り組んでいるのではないということを実感させる。また弁護士からのフィードバックによって，クライアントは自分の体験を新たな視点で，もう一度客観的に見直す機会を持つことができる。

　弁護士が，クライアントを受容しクライアントに共感している自分自身を体験している状態にあるとき，そして，そのことが最小限度はクライアントに伝わっているときが傾聴ができたと言えるときである。

　しかし，弁護士は心理カウンセラーではない。それは次のような違いとして指摘できよう。カウンセリングでは，クライアントは語る私であり，カウンセラーは聞く相手というように，それぞれ役割が固定されていると考えられやすい。しかし，クライアントと弁護士の関係は，クライアントは語り，聞く主体であり，弁護士は聞き，語る主体であるという，情報交換の互換性を前提とした存在である。

　したがって，心理カウンセリングに対して向けられている一部の批判，すなわちクライアントによって対外的な主張として現実的に提起された実際上の問題が，自分自身の問題（例えば，「そのことが気になるのですね。」と返されるなど）として反映される結果，「あなたはこういう問題を抱えた主体なのだという結果を引き受けざるを得なくなる」，といった指摘はリーガル・カウンセリングにはあたらない。

　弁護士としては，クライアントの内面の世界を大切にして，問題を共に考え，

さらに次の段階としてそのニーズを対外的に主張していくことについて第三者として関わり，次章以降に述べる積極技法へと展開させて，クライアントの抱える問題をともに明らかにしていく役割を担っている。傾聴技法は，その前提として常に聴くという姿勢に戻る，という面談の原点を確認することを体現していくための具体的な方策を示しているわけである。

③　法的臨床能力

あくまで「法律」相談であるから，それぞれの紛争分野の法的知識が重要なことは言うまでもない。しかし，それぞれのクライアントから切り離された法的知識は意外と役に立たないことが多い。

一見すると法的知識だけを求めて来たような場合，たとえばクライアントの女性が夫の不倫相手に対してどのようなことまですると違法になるか，嫌がらせ行為をいろいろと挙げて弁護士にその法的判断や意見を求めるといった場合を想定してみよう。

この場合，弁護士としては個々の行為について，これは違法，これは合法，と答えることがクライアントのニーズであると即断して結論を出してしまうことには疑問がある。むしろクライアントは，相手方への復讐心のため，目先の違法か否かの結論に心が奪われているに過ぎない場合もあると考えられるからである。

この場合，表面的な要求の背後にあるクライアントの心情に焦点を当てて，そこから問題を捉え直し，弁護士として求められていること，クライアントがこれからなしていくべきことを一緒に考えていくことに弁護士面談の役割を見出すことが必要である。単なる法的能力ではなく，法的臨床能力と断っているのは，様々な場面での現実的対応がどのような影響をクライアントや相手方に及ぼしていくかを視野に入れた検討が常に求められているからである。

もともと法的臨床能力というのは矛盾した言葉であるという側面がある。法的ということは，誰にでも通用する普遍的なものであるのに対して，臨床ということは，その場限りのものであるという特性を持っているからである。この場合実際上の留意点として大切なことは，臨床の場面では普遍性の方から出発しないで，個別性の方から出発してみるということである。その人限り，その場限りで通用する方法の価値を見出す努力をし，またそれが誰にでもいつでも通用するとは思わずに，合わせて弁護士自らの専門性である法的な普遍性という視点からも眺め直してみて，また別の視界が開けないかどうかをクライアン

トとともに考えてみようとするプロセスである。

このように考えると，弁護士面談においては，リーガル・カウンセリングにおけるものの見方を如何に実践していくかが大きな課題であることがわかる。しかし，第1章で述べたような基本的な考え方を具体的に実践していくためには，たとえば，部分的に技法を習得しただけで身につくというものでもない。たとえば，受容・共感・純粋性といった傾聴の基本原理を，しっか

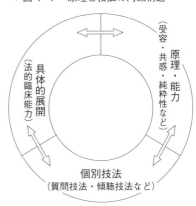

▶図4-1　原理と技法の円環構造

原理・能力（受容・共感・純粋性など）

具体的展開（法的臨床能力）

個別技法（質問技法・傾聴技法など）

りと把握し，これを具体化するものとして質問技法や傾聴技法を位置づけて，トレーニングを行い，しかも，面談の具体的展開過程の構造や仕組みを把握した上で実際の臨床現場で実践していく，そしてそれを常に基本原理に立ち返って検証するという円環構造を持って相談連鎖の中で取り組む姿勢を持ち続けるという必要がある（▶図4-1参照）

技法は，その意味でマニュアルでも個人芸でもない。また，「技法は，忘れ去られたときに完成する。」と言われるゆえんでもある。

【3】　傾聴の前提としての無知の姿勢

ナラティヴ・セラピーでいう「無知の姿勢」とは，何も知らない，あるいは教養がないということではなく，クライアントの世界について無知であるということであり，そのようなスタンスや姿勢で相談に臨むべきことを意味する。弁護士は，要件事実によって事実を整理し，それに見合う情報を収集し，法的判断を示そうとする職業的習性ともいうべきものを持っている。このような弁護士にとっての支配的な専門的言説を，いったん棚上げし，それを留保し，まずは謙虚にクライアントの言おうとすることを聴くことから相談を始めることが求められている。知っている立場で，話を聴こうとすれば，クライアントにとっての可能性の範囲を予め一方的に限定することになり，法律相談で語られるストーリーから新たな意味を形成していく共同開発のチャンスを潰してしまうことになりかねない。また，クライアントにとっては，自分の気持ちを聞いてもらえた，認めてもらえたという感覚を持てるようになることは法律相談に

おいても重要なことである。こうしたクライアントのための空間や幅を相談過程で作ることが大切である。しかし，このことは，既存の専門的知識を捨てることを意味するものではない。法という枠組みをもって関わることと枠組みや解決の方向性を持たない関わり合いの両者があって，はじめて相談過程は充実したものとなる。ただし，法的なアプローチはその用い方と時期を十分に留意すべきであるということである。

【4】 消極的傾聴技法

　弁護士は，聴くことが重要であるというと，今度は一言一句意識的に一生懸命聴こうとしてしまうことがある。しかし，少なくとも始まりの段階では，話を受ける姿勢としては，「ふわーっ」とした感じで聴かないと，相手のしゃべろうとする言葉を摘んでしまう。

　以下では，弁護士からのアプローチの積極性の程度によって消極・積極の2つに分けて傾聴技法を考えてみよう。

　①　うなずき，あいづち，うながし

　〈うんうん〉，〈ほぉー〉，〈そうですか〉〈なるほど〉といったうなずきや，あいづちが適切に行われるとクライアントは話を続けることを促される。また，〈それで？〉，〈それからどうなりました？〉，〈もう少し続けて話をしてくれませんか？〉といった言葉は「うながし（促進）」の1例である。

　こうしたことは日常生活上の会話でも行っていることであるが，法律相談の場合になると，弁護士はいろいろと聞きたいことが出てきて，「うながし」よりも，むしろ別の質問をすぐにしてしまいがちになる。こうした質問は多くの場合に，話の流れを邪魔してしまい，話を続けようとするクライアントの意欲をそいでしまう。

　また，弁護士が，クライアントの話を確かに聞き取ったことを，はっきりと声や態度に出す工夫をしないと，クライアントは不安を感じたり，困惑することがある。

　そのような場合，言いたいことが安心して言えず，クライアントのニーズがはっきりしないままに相談が進んでしまうことにもなる。

　　　〈例〉
　　クライアント「私は，その前方を横切っていく白い車を見たのです。」

058

> 弁護士「なるほど。」(あいづち)
> クライアント「そして，その後からもう一台の車が，ほとんど間をおかずに続いてきたのです。」
> 弁護士「それでどうなりました?」(うながし)

② 沈黙——じゃましないこと

クライアントが相談の中で，黙ってしまったり，考え込んでしまうことがある。こうした場合でも，弁護士は次々と矢継ぎ早に質問しがちである。「それでどうなんですか」「どちらにするか決めてください」といった具合である。しかし，クライアントが沈黙しているときは，じっくりとどうするかを考え，ものごとを決めていく転機になっていく可能性も高い。

一般的に相手に関心を持ち続けていることを態度で示しながら，弁護士が沈黙を守っていることは，クライアントの発言を促す効果がある。聞き手が未熟であると，沈黙に耐え切れず，聞き手の方から何か話し出してしまうことによって，せっかく芽生えた相手の思考をさえぎってしまう。

1人でいるときに黙っていることを，わざわざ沈黙とはいわない。沈黙が生じるのは，そこに関わる人間が2人以上いる場合に限られる。すなわち，そこでは両者の関係のあり方が問われている。クライアントの語ってない言葉(背景)を聴かなければならない。そして，沈黙の後にクライアントの語る言葉を丁寧に聞くように努めなければならない。

> 〈例〉
> 弁護士「そこで，相手の男性からそういう言葉を言われたときどういう気持ちになったのですか?」
> クライアント「………」(沈黙)
> 弁護士「………」(沈黙)

【5】 積極的傾聴技法

① 繰り返し

相手の言葉のうちの大事な言葉(多くは最後の方の言葉)を1，2語そのまま繰り返すのが「繰り返し」の技法である。

同じ言葉の「繰り返し」は一見無意味なようにも聞こえる。しかし，弁護士とクライアントの関係性の構築のためにもっとも大切な，〈あなたのおっしゃっていることを私は理解できました〉というメッセージを伝えているのである。

相談の初期に，クライアントの話についていく際に多く用いられる。この場合も，クライアントに話し続けさせるのがねらいであり，無表情にならず，共感的態度で聞いていることをクライアントに伝えることに意味がある。

積極的傾聴技法は，適度に行うことが重要である。少な過ぎれば，この人は自分の言うことをしっかり聞いていてくれているか不安になるし，多過ぎれば，わざとらしく，耳障りで技巧的になって煩わしく感じられてしまう。何が適度であるかは，クライアントの状況（たとえば，せっかちに話をしようとしているような状況の場合には，少し多目に使って落ち着いてもらうなど）や相談の進捗段階（やはり初期段階で多く使う必要がある）によっても異なる。

〈例〉
クライアント「先日，借りているアパートの家主から突然出ていってほしいと言われたのです。」
弁護士「出ていってほしいと言うんですね。」（**繰り返し**）
クライアント「そうなんです。賃料もちゃんと払っているのにです。」
弁護士「なるほど。」（**うながし**）
クライアント「それでとってもびっくりしてしまいました。」
弁護士「とってもびっくりされたんですね。」（**繰り返し**）「それで，どうして出て行ってほしいというのでしょうか。」（**開かれた質問**）

② 明確化・言い換え

相手の話した内容を，違う言葉で，または相手が表現したがっていると思われる内容を，より明確にした形で表現して返す技法である。より一般化して言えば，「あなたのおっしゃりたいことはこういうことなんですね」という返し方である。

これによって，クライアントは，「自分の話を聞いてくれている」と感じる。また，同じ話を繰り返すことなく話を発展させようとするようになる。弁護士による言い換えが正確でない場合は，クライアントが訂正することにつながる。また，質問口調で行われた場合には，クライアントは話題についてより詳細

に語るようになる。

この明確化についての弁護士の役割は大きいと考えられる。そこで起こっている出来事を言語化し，論理的に説明してもらうことによって，クライアント自身に置かれている状況をしっかりと認識してもらうことができるからである。

次の2つの例を比較してみよう。どちらの方が話を聴けているだろうか。

〈例〉
クライアント「2週間前に○○セミナーに申し込んで，5万円払ってしまったんです。」
弁護士「それじゃー，クーリング・オフは無理ですね。あなたはまだ未成年？」
クライアント「ええ，17歳です。」
弁護士「それなら未成年者による契約の取消しができますよ。」
〈例〉
クライアント「2週間前に○○セミナーに申し込んで，5万円払ってしまったんです。」
弁護士「5万円払ってしまったわけですね。」**(繰り返し)**
クライアント「ええ，それで悩んでいるんです。」
弁護士「悩んでいるって？」**(繰り返し)**
クライアント「ええ，勧誘してくれた方がとてもいい子で，どうしたらいいかと。」
弁護士「どうしたらいいかっていうのは？」**(繰り返し)**
クライアント「ええ，やっぱりお金がかかりそうだし，何をするのか不安だし，やめたいという気持ちも強いんです。」
弁護士「やめたい気持ちは強いけれど，勧誘してくれた方のことが気になってどうしようか迷っているわけですね。」**(明確化)**「ところで，あなたは未成年ですか？」**(閉ざされた質問)**

【問題】
クライアント「妻との関係がうまくいっていないのですが……」
あなたが弁護士だとしたら，次のうちどのように応答しますか？
1　奥さんとは，すでに別居しているのですか。
2　結婚してから何年経ちますか。
3　たとえばどんなことがあるのでしょうか。

③　要約

弁護士がクライアントの話した内容を要約し，弁護士の理解が正しいかどう

かをクライアントに確認してもらう技法である。

　言い換えと同じ要領だが，カバーする話の量が多く，クライアントが長く語った中の主要な言葉を明確化する。

　要約によってクライアントは「話を聞いてくれている」と感じ，話が長く，とりとめがなく，混乱してきたとき，自分のストーリーがどのように弁護士によって整理されていくのかを聞くことができる。

　要約は，クライアントの思考・感情・行動やそれらに関連したものを，ひとつにまとめあげるうえでとくに有効な技法である。その結果，そこで何が起こっているのかがはっきりする。特に，弁護士が目の前で起っていることを，しっかりと言語化して表していくことで，クライアントが認識を新たにするという意味もある。

　また，それまでの話の要約を契機として，滞りなく話題をほかに変えられるようになり，面談に方向付けと一貫性を与えることができる。

　もっとも，こうした技法も度を越してやり過ぎると，くどく感じたり，わざとらしい感じをクライアントに与えてしまうことになる。そこで，あくまで自然に，必要な範囲で，さりげなくやるのが基本である。

　紛争を抱えている人は，1人で悩んでいたり，理解してもらえる人がまわりにいないなどから，問題に取り組む力を失ってしまっている場合も多い。とくに自己不信や自信喪失になってしまっていて，問題から目をそむけたり，どうでもよくなってしまっているといった場合もある。

　そうした状況から脱して，弁護士が問題を明確にして，整理し，クライアントとともに問題に取り組んでいく姿勢を示していくものとして，要約の技法は重要である。

〈例〉
弁護士「そうすると，あなたとしては，公正証書による遺言書があるけれど，その作られた日にち頃は，お父さんは，ずっと入院中で，物事を判断する能力がなかったはずだというわけですね。」**（要約）**
クライアント「そうなんです。」
弁護士「ほかに疑問に思っていることがありますか？」**（開かれた質問）**
クライアント「遺言書の内容も昔の元気だった頃の父の発言からすると理解できません。」

④　感情の反映

「それは，とてもお辛いですね」「あなたは……と感じているようですね」というように弁護士が，クライアントの話す内容の情緒的な側面に焦点をおき，言葉にして返す技法である。

これによって，クライアント自らが気がつかずにいた感情に気づくのを助けると同時に，クライアントが経験している内的世界を弁護士が理解しているということを伝えることができる。

心理カウンセリングの場合は，クライアントが表現する感情にとりわけ注意を向けて，その感情に応答するという特徴を持っている。これに対し，弁護士面談では，基本的には事実を中心に会話が展開されていくので，心理カウンセリングほど感情そのものを扱う機会は多くはない。しかし，ケースによっては，特に感情問題が大きな部分を占める紛争もあり，そうした場合には，感情の反映をしっかりと行って，気持ちの部分での共感を示していくことが大切となる。

〈例〉
クライアント「普通に小さな横断歩道を渡っていたら，急に左折してきた車がぶつかってきたのです。」
弁護士「ぶつかってきたというのは？」（繰り返し）
クライアント「全然前を見ていない感じで，スピードも落とさず，まっすぐ迫ってきて……，私はバンパーへ跳ね上げられてしまって……。今でも，その時のことが何度も思い出されて……」
弁護士「それは大変な思いをされましたね。」（感情の反映）

感情は，クライアントの言葉や行動の背景に潜み，これを実質的にコントロールしている極めて重要なものである。クライアントとの関係において不可欠とされる「共感」は感情を理解することなしには成立しない。

なお，弁護士が感情の反映をする前には，クライアントの感情を正しく確認しておくことが必要である。クライアントの気持ちを誤って反映してしまう（実際は，悲しんでいるのに，怒っているのですねと反映してしまうなど）と，この弁護士は全然自分のことをわかってくれていないということになってしまう。またクライアントは，たとえば，怒り，悲しみ，諦めといった混合した複雑な感情を持っている場合がある。こうした場合には，それぞれの感情をていねいに反

映することが大切である。

　さらに，感情の反映を行う場合には，クライアントに現在生じている感情を反映することがポイントである。たとえば過去の辛かったときの感情を反映してしまうと，かえって面談の進行を阻害し，クライアントの気持ちがせっかく切り変わって前向きに対応しようとしていたことを元に戻しかねない。

　感情の反映は，面談の進行を妨げるかもしれない感情をクライアントが持っているときに行うと効果的である。たとえば，怒りの感情を表したときに，その感情を十分反映することで，しだいに落ち着いて次の話に移ることができるなどである。

【問題】
　次のようなクライアントの言葉に対して，クライアントの感情にふさわしい言葉で反映してみてください。
　１　夫が，はじめて別れたいと言ったとき，とても腹が立ちました。でも，今はそんな人と暮らすのは，だんだんとむなしくなってきました。
　２　交通事故で，顔に10円玉程のあざが後遺症で残ってしまいました。医者は，そのうち薄くなるからと言いますが，気休めだと思います。私は，こんな傷が顔に付いたまま，これからずっと暮らすなんて絶対耐えられません。
　３　隣の塀が越境しているのを毎日見るたびに，気持ちがムシャクシャしてきます。何とか制裁を加えてやりたいのですが，隣同士だから，かえって何をされるかわからないし……。

---

⑤　支持
「できるだけのお手伝いをしたいと思います。」
「大変な状況の中で，よくこれまで頑張って来られましたね。」

　相談に訪れるクライアントは，それまでに1人であるいは家族に相談したりしながら様々に思い悩んでいるということが多い。そして，どうしたらいいかわからなかったり，落ち込んでしまっていたり，様々な状況に置かれている。

　そのような場合に，苦しんでいるクライアントに少しでも楽な気持ちになってもらうために，これまでのあるいは今後の対応に積極的な支持を表明する働きかけが有効なことがある。

　支持は，いわば自然に生じてくる共感とは異なり，意識的な努力によって行

われていくという特徴のある技法である。

　弁護士を訪れるクライアント自身の有する様々な苦労を味わわされてきた経験に対して，肯定的な態度をとり，これを両者にとっての出発点とすることで，その抱えている問題に対してともにポジティヴに取り組んでいく姿勢を示すことが可能となる。

§3 　弁護士面談の具体的展開

▶1　はじめに

　ここまでは技法という観点から弁護士面談のあり方を見てきたが，以下では，少し視点を変えて弁護士面談の具体的展開の姿という面からそのあり方を考えてみることにしたい。

　これまで見た技法は，この展開過程に即して使われていくことで，より現実的なものとすることができる。また弁護士面談に特有の展開過程の姿を理解することは，実際の現場で具体的構造化の姿をイメージしつつ相談にのっていく際の一応の枠組みを提供してくれる。もちろんこれはあくまで単なる枠組みに過ぎないから，クライアントや事案の多様性に応じて，状況依存的に様々に変化していく柔構造を持ったものとして理解しておくことが重要である。

　弁護士としては，まずはクライアントが何にこだわっているのか，その人なりの物語を全体として理解するように努める必要がある。

　そして，ある段階から併行的に，クライアントの語りについて法的観点からの分析を合わせて試みることが行われ始めていくことになろう。

　いずれにしても，第1章で述べたように「最低限の信頼関係(ラポール)の構築」と「厚みのある情報収集」を行うのが，弁護士面談の具体的展開の第1段階であり，以下ではそのために必要な基本的な留意事項を述べていくことにする。

▶2　出会いの認識と信頼関係の形成

　弁護士面談は，弁護士とクライアントとの出会いから始まる。出会いであるということは，弁護士とクライアントとが，様々な偶然的条件が積み重った結果として出会ったということであり，その偶然性と必然性に心を定めて，一期一会を大切にしていくという姿勢が必要である。

まずは技法の有用性と限界を十分に認識し，関わっていくことで，弁護士自身は他者性を保持しながら，自分自身の問題の専門家であるクライアントの話を聴くことが可能となる。

　ここでいう信頼関係とは，話を聴く（＝傾聴）ことによって培っていく信頼関係であり専門性や権威を信頼するということではない。その意味で，親しみやすさ，わかりやすさ，ていねい，親切，自然さといった弁護士としての職業以前の基本的態度によるところが大きい。役に立ちたいという思いが強いと視野が狭くなる。

　「どうしてこんなことをしてしまったのか」「どうしてもっと早く来なかったのか」というように早い段階で相談者を非難したり，叱ったりしてしまう弁護士がいる。しかし，怒っても，事態が変わったり状況が良くなるわけではない。かえって，弁護士とクライアントとの信頼関係がうまく築けず，重要な事実を隠そうとしたり，嘘を言ったりされてしまうこともある。現在のクライアントの置かれた客観的状況を認識してもらうこと自体は大切だが，あくまで客観的情報として伝えたうえで，現状を出発点として何ができるかをともに考えていく姿勢が重要である。

　また反対に，技法を意識しすぎて，最初は開かれた質問からと思い定めて，「さあ，何からでもお話ください」と質問したところ，クライアントは，何を話していいかわからず，緊張してしまって言葉が出てこないといったこともある。そんな場合は，「お仕事は何をしていますか」「誰との間の問題のご相談ですか」など閉ざされた質問で答えやすいところから始めて，リラックスして相談に臨めるようにしていく工夫が必要となる。

　面談初期においては，とくにクライアントとの最低限の信頼関係の形成が重要であるが，信頼は「する」ものではなく「発生するもの」であるとの認識が大切である。「私を信頼しなさい」というように弁護士が信頼を目的として行動すると，かえって関係は硬直的で危ういものになってしまいかねないリスクを常に負っている。また信頼関係形成のための技法を一律にクライアントに当てはめようとして，たとえば，身振り手振りを活発にして説明すると，なかにはずいぶんせわしない弁護士だなと思う人もいるであろう。その結果として「その人の物語」ではなく抽象的な「誰かの物語」について互いに語り合ってしまうということにもなる。そこで，技法という形に捉われない，その時々や人の特性に応じた関係のあり方，面談全体を支える精神や原理との相関関係に常に

立ち返って考えることが重要である。

▸3　クライアントのニーズの明確化

　まずは，クライアントが相談に何を望んでいるのか，そのニーズを明らかにしていくということが重要である。そのために開かれた質問を使い，クライアントの最大の関心事から話してもらうということに意味がある。どういう問題を抱えていて，どういう状況にあり，どうなって欲しいのか，そのために自分自身として考えられる方法は何があると思うか，といったことが語られ，その中から弁護士はクライアントの具体的ニーズを聞き出していくことになる。その中には法的問題以外の事項も多く含まれるが，そうしたものを切り離さず一体のものとして聴き，当事者のこだわり，法的ニーズの背景にある動機など，いわばクライアントにとっての「自分だけの引き出し」を明らかにしてもらうことに面談初期の大きな意味がある。

　たとえば，「自分の債権は時効にかかってしまっていてもう相手方には請求できないのかどうか」といった一見すると法的知識や判断の提供を求めるように思える場合にも，背景には過去の友人同士の感情的な確執があったりする。そこで相手方が時効の援用をしてくるかどうかといった法的側面も考え合わせながら，実際にどうするかを決めていく必要が生じる。

　このような場合に弁護上は，感情面にも焦点を当てながら，貸金の額や相手方の状況や予想される対応なども聞きつつ，クライアントの意思決定を援助していく必要がある。すなわち厚みのある情報収集によって，次第にニーズもはっきりしてくるし，クライアントの固有性も見えてくる。

　この関係でナラティヴ・セラピーでいわれる「ローカルな言葉の使用」という視点が興味深い。専門用語は，クライアントにとっての個人的意味や人生の味わいを表現するのに適しているとは言えない。「私にはあいつの態度が許せない」といった一人称で語られる体験をいきなり「消滅時効」「訴訟」といった専門用語に置き換えないで，クライアントの使うローカルな言葉で語り合うこと。このことによって，クライアントの語りを紋切り型のストーリーに押し込んでしまわずに，そのクライアント固有の物語から面談を構築することを可能にしていく。クライアントのニーズも，まずはそのようなものとして，弁護士との間で受け止められ，形作られていくべきものである。

▶**4** 時系列的展開の効用

　最初はとにかく，クライアントの話したいスタイルや内容で話を始めてもらうというのがひとつの方法である。開かれた質問技法や傾聴技法はそのためのものである。

　しかし，いつまでもそうしていると，弁護士から見てなかなか本題に入っていかないと思えることがある。とくに時間的制約のある法律相談ではそう感じることは多いであろう。

　そういう段階では，閉ざされた質問や後に述べる焦点化技法を使って，特定のテーマについて語ってもらうという展開へと移行していくことになる。

　このような場合でも，どのような話の仕方をしてもらうのがわかりやすいかという問題がある。事件は過去のある時点に起こった出来事を契機として展開していくものであることからすると，時系列的に話しをしてもらうのがひとつの方法である。これにも発生時点から話してもらうというやり方と現在から遡るというやり方があるが，時間の制約を別にすれば，事件の核心を述べてもらった後に，発生時点から説明してもらう方が事件の全体を把握しやすいこともあって比較的多くとられている。ちなみに，これは時系列的展開の持つ次のような効用から有用性の説明が可能である。

　①　日常での自然な会話に近い。

　②　ぼんやりしていた所がはっきりしてくる。

　③　正確性が増す。

　④　裁判的な考えになじみやすい。

　⑤　客観的な証拠と突き合わせやすい。

　⑥　効率的な作業が可能となる。

　⑦　別の仮説が見えてくることがある。

　このようにまずは，(1)ある程度の全般的な話が聞けたところで，クライアントのニーズをつかみ，(2)時系列的展開でクライアントにとって大切と思われる事実を語ってもらうことで，クライアントやケースを見る眼を複合的にしていくことが可能となる。

　これに対して要件事実求心型の事情聴取は，ある意味で弁護士の予断に基づく問題構成であり，重要な出来事や感情がもれてしまうことがある。しかし，ある程度相談が進んだ段階において，「何でも話してください」という質問を重ねるのは，話をまとめるにはわかりにくく，記憶を呼び起こすには向いてい

ない。

　そこでこの場合「最初から話してもらえますか」という時間的経過に沿って聞いていく方法が有用であり，その特性から明らかなように裁判的な考え方にも同時になじみやすいメリットがある。

　なお，時間的経過について質問する場合には，「次に何が起こりましたか」「もう少し詳しくそのことについて話していただけますか」といった具合に開かれた質問をすることが考えられる。後者は，今話したことから動かないようにクライアントに求める意味も有している。そして，その後で，閉ざされた質問でさらに細部を明確化し，正確な情報を入手していく。

　このようにすることで弁護士側の情報入手という目的とクライアント側のていねいに話を聞いてもらったというケア・ニーズを同時に満たすことが可能となる。

　　〈例〉
　　弁護士「事の起こりはどういうことだったのですか？」
　　クライアント「事件の3日前に相手方の会社から突然電話があったのです。」
　　弁護士「電話の内容はどのようなものだったのですか？」
　　クライアント「私が前に勤務していた会社の友人から，あなたのことをお聞き
　　　　した。実は今とてもよい融資物件があるのでお話を聞いてくれないかという
　　　　のです。」
　　弁護士「それでどのような返事をされたのですか？」

　なお，この関係で注意すべき点がひとつある。それは継続相談や事件受任を前提とする場合は，初回面談において過度に細部の事情まで明確化することにこだわらない方がよい場合があることである。明確化はやり出せばきりがないし，かえって全体が見えにくくなるリスクを負っている。あくまで，全体のストーリーを聞くというのが少なくとも初期段階では重要だからである。

　受任が想定される場合には，クライアント自身に時系列的なメモを早い段階で作ってもらうこともよい。いずれ訴訟になれば陳述書を作成する場合の参考ともなり，こうしたメモ作成の整理機能を有効に活用することは後日いろいろな意味で役に立つ。そして何よりもクライアント自身がメモ用紙やパソコンと向かい合い，自分自身の過去を振り返って頭を整理することで，そこからもう

一度改めて考え直してみる重要な機会となる。

　しかし，人によっては文章を書いたり，まとめたりすることが苦手なクライアントもいるので，その適性や事案の特徴（たとえば離婚事件では，結婚の当初から破綻に至る詳しい経過が必要となるなど）に応じて使い分けられるようにしておくことには意味がある。

▶5　相談における書面の扱い

　法律相談で取り上げられる書面には，契約書・遺言書・内容証明郵便・手紙など様々なものがある。たとえば，契約書や遺言書は，直接に当事者間の法律関係を規律していくものであるし，相手方から直近に届いた内容証明などは，現在の当事者間の問題状況や相手方の考えを知ることができて，それぞれ大きな意義を有する。これに対してたとえば過去の手紙などは，その当時の状況以上の意味を持たなかったり，書かれた背景や事情を抜きに語れないところもあるなど，その書面の性格により有用性の差異もある。

　事案によっては，そうした書面の意義や役割あるいはその限界といったことが話題の中心となって相談が繰り広げられていくといった展開にもなる。

　しかし，相談の早い段階で，クライアントから，いきなり書面を出され「これはどういう意味があるのですか」と質問されて，その書面に捉われて，経緯や背景事情，あるいは当事者のニーズが背後にしりぞいて，かえって見方が一面的になり，硬直的な相談になってしまうということもある。

　そこで一般的には，クライアントの話を聞いていく中で，たとえば契約書や遺言書が中心的な意味をなすものであることがわかった段階でタイミングを見計らって，「今日は，契約書はお持ちですか？」と質問するのが通常であろうし，最初に示された場合も，少し話しを交わしたうえで，書面を確認するという姿勢が望ましいことが多い。

　また，なかには，自分の方で経過や問題点（聞きたいこと）をメモの形で，まとめて来る人も増えてきている。

　この場合も，基本的に他の相談と区別せず，相談を始めながら，適宜そのメモの内容と関連づけて話を聞いていくのがわかりやすい。メモ自体の出来具合やわかりやすさも様々であり，あまり書面にこだわると活きた相談ができなくなってしまうからである。ただせっかく書いてきてくれたことには敬意を払って，できるだけ活かしていく方向で説明した方がよい。

次に遺言書や重要な契約書など，それがないと内容がわからず相談にならないということもあり，その場合は継続相談ということで次回期日に持参してもらうことが必要となる。

　このように，書面は，何も言わなくとも，まず出してくる人もいれば，言わない限り出さない人もいる。したがって，ある程度相談が進んだところで一般的に「今日は何か資料はお持ちでないですか」とこちらから質問して，提出を促してみることも大切である。

　また長い書面や訴訟事件の記録の類は，とてもその場で読みきれないし，１回的な相談の範疇を超えている。そして長い時間，クライアントを待たせてこれを読んでいるというわけにもいかない。したがって，そうした場合には，とりあえず書類を預かって読んでおくことにして，別途継続相談を行うことも必要となろう。

　少し落ち着いて読みたいときは，いきなり読み始めるのではなく，「ちょっと読ませてください」と断ってから短時間でザーッと読んで，大まかに問題点を把握してみるのもよい。

▶6　クライアントが自分自身と向き合う場としての相談

　面談の場は，クライアントが弁護士と話し合う場であると同時に，自分自身と向き合う場でもある。弁護士がクライアントの話を傾聴することによって，クライアントは自分自身を振り返る余裕が生まれてくる。弁護士にとっても，クライアント自身が様々な問題を抱えているとき，単純にクライアントが具体的な要求として掲げた事項をそのまま弁護士として鵜呑みにできないことがある。要求自体が現実性を帯びていない場合や何らかの心理的要因が要求の大きな原因となっているような場合である。

　こうした場合は，まずクライアントに自らの問題を整理してもらうことが前提として必要となる。このように自分自身に向き合う場としても相談を位置づけるのは，傾聴の場面だけでなく，後述する弁護士側から積極的に情報提供や助言をしていく局面でも重要な意味を持つが，こうした一連のプロセス自体を全体として大切にしていく思考が必要であると考えられる。

　法律相談のプロセスにおいて，クライアントに考えてもらう必要のあるいくつかの事項を以下で指摘しておく。

　①　自分自身の置かれている客観的状況を認識してもらうこと。

② 相手方の視点からも事態を見るようにしてもらうこと。

③ 第三者の視点からも事態を見るようにしてもらうこと。

④ 自分自身が何にこだわっているかを自覚してもらうこと。

⑤ どうなってほしいか，そのことがどの程度の実現可能性があると理解しているかを確認しておくこと。

⑥ 自分がひとりで問題を抱えるのではなく，かといって弁護士に任せるのでもなく，あくまで両者の協働作業であることを理解してもらうこと。

〈例〉

弁護士「今までの御説明で事情はだいたいわかりましたが，あなたご自身としては今回の事態をどのように考えていらっしゃいますか？」

クライアント「隣家の飼犬の鳴き声が深夜，早朝を問わず聞こえてくるので，これまで何度か文句を言いに行っているのに改善されません。私としては，法的な措置をとってでもやめてもらいたいです。」

弁護士「なるほど，隣家の人は飼犬にどのように接しているのでしょうか？」

クライアント「仕事が不規則な人なので，決まった時間に餌を与えたり，運動をさせたりしていないので，犬もストレスがあるんじゃないかと思ったりするのですが……」

弁護士「そうですか。あなたはどうなってほしいのですか？」

クライアント「近所の人も迷惑してるし，飼主自体も面倒を見る時間がないだけで，悪い人ではなさそうなので，何とか話し合いで改善してもらえるといいのですが……」

このように，弁護士のものの見方とクライアントのものの見方の双方が，聴くことを通じて相互作用により変化していくこと（いわば特定の場所に置かれた固定カメラでなく，弁護士自身も写し出す移動式で，両者の関係が互いに把握可能な機能を持つもの）によって，両者の関係のあり方は変化し，新たな事態の展開への兆しを作り出すことに道を開いていく。

▶7 法規範の役割

さて，こうしてクライアントの置かれた具体的な状況や人間関係，心理状態まで，多様な情報を収集してはじめて，法的な観点からも問題解析をしてみることになる。ここでは，まず，相談における法規範の役割を明らかにしたうえ

で，要件事実の聞き方の工夫について検討してみよう。

　法律相談において，クライアントは，自分のケースが法律的にどう評価されるのかを知りたいと言って訪れるものと一般的に理解されている。そこで弁護士の法律相談における役割は，クライアントの質問に対する法的な分析と回答であると考える傾向がなお根強い。

　しかし，実際の法律相談においては，法的な問題以外の部分の占める割合が多いケース，法的には救済が困難なケース，事実関係がはっきりせず法的評価の前提自体に問題のあるケース，クライアント自身が法的救済が得られると信じきっているが実際上は様々な問題のあるケースなど，単純に法的に割り切ることでは十分でない案件がむしろ多くを占めている。特に近時は，インターネットなどでクライアントが事前に法的情報を得ていることも問題を複雑にしている。

　そこで，リーガル・カウンセリングという観点から，法規範の役割をはじめにしっかりと位置づけておくことが必要となる。

　まず重要なのは，すでに述べたようにクライアントは単に法的知識の提供をしてもらうだけのために弁護士を訪れているわけではないということである。クライアントは，自分自身の抱えている問題が，どう扱われるのかをあくまで自分自身の文脈との関係において法的な判断を求めている。しかも，とくにクライアントにとって，どこまでが法的な問題であるかは一義的に明らかとは言えないし，語られる事実関係や表明される感情，あるいは紛争を取り巻く人間関係は多様である。

　そのような場合における法律相談のあり方としては，法的判断に必要な情報を収集し，判断を示すという単純なモデルではうまくいかず，クライアントに多くの不満を残すことになる。そこで，法律相談における法の位置づけについては，次のような観点で捉えておくことが有用であろう。

【1】　法は問題を考えるための素材であるということ

　紛争にどのような対応をするかについては様々な方法がある。弁護士面談の目的としては，法的な評価を抜きには考えられないとしても，この場合，相談に訪れるクライアントにとって法は自分自身の問題を考えるための素材のひとつに留まるということができる。法規範にどの程度のウエイトを置いてクライアントが実際に問題に対処するかは，事案の置かれた様々な状況との相関関係やクライアント自身の個性によって異なり，そのことには弁護士も無関心ではいられないはずである。

【2】　事実関係いかんによって法適用には複数の可能性があること

　法律相談においては，どうしても一方当事者だけからする情報の一面性や部分的な資料あるいは時間的制約から，事実関係について暫定的・限定的な見方をするほかないという側面を有している。したがって法規範の適用は単純ではなく，多くの場合に「こういう場合なら……，こちらの場合なら……」と，幅のあるものとして法的判断を提示せざるを得ない限界がある。

【3】　法規範どおりの解決に常になるわけではないこと

　法律相談の多くは，相談の結果，クライアント自らが再び自力で相手方や問題に取り組む展開になることが多いが，その場合には様々な要因から法的主張どおりの解決を貫けるとは限らず，そのためにより厚みのある問題構成や多様な選択肢の開発あるいは幅のある意思決定の可能性を相談過程で展開しておくことが求められている。

【4】　手続の選択との相関関係を有していること

　とくに，具体的事案における法的判断のウエイトの置かれ方は，交渉・調停・訴訟のいかなる手続を選択するかという問題と相関関係を有している。たとえば，法的権利として認められる事案であるかどうかによって選択される手続が異なるといった場合である。

【5】　媒介者としての弁護士の役割を自覚する必要があること

　弁護士は面談過程でクライアントと向き合いつつ，その場には不在の他者である相手方を念頭に置きつつ相談にのることになる。したがって，結果的にそうした間を繋いでいく媒介者としての役割を担う弁護士は，必ずしも法寄りだけの思い入れを持たず，多様な可能性に開かれたフレキシブルな姿勢でクライアントと接することが基本的に求められていると考えられる。

【6】　クライアントの気持ちとの関わりを常に意識すること

　法規範はクライアントの外部に存する客観的評価基準として，大きな意味を持つ存在であるだけに，クライアントの気持ちとの関わり合いを大切にしながら，その位置づけを行うべきである。そのために，まずは，謙虚にクライアントの声に耳を傾け，自らの法による固定的な物語に誘導することなく，個別性の前に変容させ，脱構築していく，せめぎあいの努力が求められる。

　　　〈例〉
　　クライアント「私は何とか交通事故で後遺症を負わされた加害者に制裁を加え

たいのです。相手の勤めている会社に電話をかけていろいろ嫌がらせをした
　りするのは法律に違反しますか？」
弁護士「そういう気持ちを抱かれることについては，いろいろな背景がおあり
　でしょうから，まず少しこれまでの経過について時間的な順番でお話してい
　ただけますか？」
クライアント「（経過について説明する）」
弁護士「そうですか。とてもお辛いようですが，身体の方はどのような具合な
　のですか？」**（以下，感情の反映を行ったうえ，具体的に取り得る方策につ
　いてともに考えていく）**

▸8　社会規範の役割

　規範には，法規範だけでなく，様々な社会規範が存在する。弁護士が健全な
社会常識や社会規範を持つことはとても大切なことである。しかし，このこと
と相談過程において，クライアントに対して，一定の価値判断を社会常識とし
て示し，評価・説得することは少し性質の異なる問題である。この場合は，い
わゆる常識の名のもとに，法律相談過程において相談担当弁護士によってこれ
らの規範の押しつけが行われ，相談者の反発を招いていないかが，十分に自覚
されるべきである。

　たとえば，「このような場合にはあなたの側も一定の譲歩をするのが健全な
社会常識ですよ」「親に対してそんな態度をとるのは非常識と思いませんか」
と言った場合に，クライアントがそれで十分納得するだろうか。社会常識は，
法規範とは異なって，もともと一義的に定まったものではなく，人や時代ある
いは状況によって異なったものであり得るとすると，法規範以上に反発をまね
くことになりかねない。むしろこのような場合には，後述する積極技法におい
て述べるように，弁護士個人の意見として述べるのではなく，あくまでひとつ
の物の見方として伝えるなどの工夫が必要である。

　とくに大切なことは，情報を収集し，ニーズを把握していく段階で，いつの
間にか弁護士の個人的価値基準や社会常識でケースやクライアントを評価して，
自らのものの見方を狭めてしまわないことである。

　すなわち，弁護士にとっての常識が，当該クライアントにとっては非常識と
いう事態が，そこで起こっていないかどうかの検証が常に必要である。時には

弁護士の側で，事案対応の難しさや自らの提供し得る限界を説明し，クライアントと共有していくプロセスが求められることもある。

　いずれにしても，相談担当弁護士からあまり相談の早い段階で法規範や社会規範を持ち出されると，クライアントは十分に話を聞いてもらえたという実感がなく，規範や結論を押しつけられたという感想を持つことになりがちである。しかし，反面，時期をみて，規範的情報を的確に提供することは，クライアントの自己決定を促す要因ともなるので，両者の兼ね合いを十分に考えるべきである。

〈例〉

クライアント「私の母は，自分が好きな仕事をやりたいために，夫と離婚したいなんていうのはワガママだっていうんです。家事・育児をしっかりやって夫を支えるのが妻の役割だなんていうのは昔の話でしょ。先生はどう思われますか？」

弁護士「社会常識というのは，これひとつという具合には決められないものかもしれませんね。ご自分がやりたいと考えていることはどういうことなのでしょう？」

クライアント「（やりたいことを説明）」

弁護士「夫はそのことについて，どのように言っているのですか？」

▶9　要件事実の聞き方の工夫

　弁護士にとっては，法規の要件事実を意識して話を聞いていくという情報交換過程の段階があることは，法的評価の前提作業のためには不可欠なことである。

　しかし，これまで要件事実求心型の法律相談が主流を占めていたことからすると，十分にクライアントのニーズを聴くという段階を経た後で行う必要があるし，要件事実の聞き方としては，次のような工夫が求められよう。

　まず，①クライアントに法的にはどのような事実が重要とされているのかを予め伝え，その事実を聞くことの意味を十分に理解してもらってから，その事実について聞くようにする。たとえば，建物明渡しを求められている場合に，正当事由とは何か，なぜそのような事由が必要とされているのかなどを簡単に

わかりやすく説明してから具体的な事情を聞いていくことである。これによって，クライアントは，とまどうことなく，またなぜそのことを聞かれているかの自覚をもって答えようと努力することが可能となる。

次に，②いきなり要件事実について尋ねるのではなく，より答えやすい周辺的な間接事実から順次尋ねていくことである。

また，③クライアントにとって，とっつきやすいように時系列的展開の中で合わせ尋ねていく工夫も必要である。

最後に，④なるべく開かれた質問を取り混ぜて聞くことに心がけ，閉ざされた質問による一問一答的な要件事実へのあてはめ的な聞き方にならないように工夫して，クライアントに押しつけられた感じや，難しい専門的な印象を与えないように心がけることが大切である。

〈例〉

弁護士「あなたが建物を借り続ける必要性について少しお聞きしたいと思いますが，よろしいでしょうか？」

クライアント「はい。」

弁護士「これは，法律的に，あなたが建物から立ち退く必要があるかどうかという点について，貸主側と借主側どちらがその建物を使う必要が高いかということが重要な判断のポイントとされているからです。そこで，まず今はどのような建物の使い方をしていますか？」

クライアント「私と妻と子ども2人の家族4人で暮らしています。」

弁護士「最初に借りたのは何年前でしたか？」

クライアント「4年になります。1回更新して，今度は2回目だなと思っていた矢先に返してくれという通知が来たのです。」

弁護士「建物は現在どんな状況になっていますか？築年数が相当経過していて，古くて住みづらくなっているとかの事情はありますか？」

▶10　クライアントの説明の客観的確認

クライアントが認識している事実を語り，弁護士が法的な分析をするだけで，的確な法律相談の基盤作りができたことになるわけではない。次になすべきこととして，クライアントの語る事実をできるだけ客観的に確認してみるという作業が必要となる。

法律相談には，すでに述べたようにあくまで一方の当事者であるクライアントからの情報のみで，判断や意思決定を行うという相談における情報の一面性の問題がある。そこで語られたことを他の事実や証拠と比較して検証してみることが必要な場合が生じる。具体的には，書面との整合性を確認することや他者がどのように認識しているかを聞いたり，矛盾している説明や合理的でない説明に対して質問を試みるといった方法をとる。

　もとより，そもそもクライアントの語る事実は，クライアントの側から見たひとつの物語であり，相手方にはまた別の物語が存在しているのが通例である。したがって，そこでは，まずは客観的情報の収集にこだわり過ぎずクライアントの話を聞く姿勢が重要である。

　弁護士は，こうした語りの中で，クライアントと信頼関係を形作り，次第に相手方と対峙していく方法を考えていく必要がある。クライアントの語る事実は，そうした制約付きのものであることを十分認識しつつ，またそのことをクライアントに伝え，客観的な証拠や他者の供述とも照らし合わせながら，物語のストーリーを再構成していく必要がある。それは語られる事実と現実を照らし合わせて，その穴を埋めていくという作業に近い。

　その場合の弁護士の視点自体としては，様々なレンズを通してものを見ることのできる複眼的視座が求められているといえよう。まずはベースとして，クライアント自身の視点を物語としてそのまま受け止めるという眼である。信頼関係を築くということは，弁護士とクライアントが互いに別々の存在であり，お互いの立場を認め尊重し合いながら，よりよい方向へ協働作業をしていく関わり合いを続けることである。したがって，クライアントの主張を鵜呑みにしたり，感情的に一体になったりすることではない。心の中に人の悩みを置いておくスペースの存在が求められている。

　しかし，これは反面クライアントの言っていることを疑ってかかる面があり，あくまで受容・傾聴する態度の基盤があってこそ有効性を発揮する。そして場合によってはクライアントに対して情報の一面性を指摘して，留保付き・限定付きの意見であることを示す場合も必要となる（「あなたのおっしゃるとおりとすれば……」など）。

　　〈例〉
　弁護士「あなたの御説明はよくわかりました。少し私の方から質問させていた

だいてよろしいですか？」
　クライアント「はい。」
　弁護士「先ほど見せていただいた覚書の日付によると，その頃はまだそれほ
　　ど資金状況も切迫したものではなく，このようにあなたに不利な内容の合意
　　をする必要もなかったようにも思えるのですがこの点はどうなのでしょう
　　か？」
　クライアント「確かに言われてみると，自分でも，どうしてあの時点でその覚
　　書を交わしてしまったのか，当時の心理状態は自分でも今になってみるとあ
　　まりよくわかりません。相談する相手もなかったし，相手にいろいろと言わ
　　れてだいぶまいっていたのかもしれません。」

▶11　情報交換過程と事実認定のプロセスとの対比

　次に，裁判の場での事実認定と法律相談の場で弁護士が事実をどう見るかと
は異なった問題があると考えられるので，この点の認識が求められる。

　確かに法律相談の場でも，この事案が裁判になったらどうなるかという見込
み・予測の視点自体は，▶10で見たように重要であるが，法律相談の場面はそ
のような捉え方だけでは十分でないところがある。

　クライアントが，とくに重要な意義を認めている人間関係，あるいは様々な
事象の存在が紛争全体を通じて大きなウエイトを占めている場合があり，こう
した場合はまずクライアントの物語自体の理解から始めないと，実際にとり得
る選択肢が決められず，ものごとは容易に先へは進めない。

　すなわち，そもそも裁判の事実認定におけるように法規範にあてはめる事実
が何かを問い，その事実を確定しようという発想そのものが，法律相談の場合
には，クライアントのニーズや問題解決に必ずしも適合的な手法でない場合が
ある。すなわち，すでに述べたように法律相談の過程では関連する様々な事実
に対するこだわりや感情の集積をできるだけ厚みを持って収集し，展開させて
いくところにその特色があるとすると，要件事実など特定の観点によって事実
を整理し確定する作業そのものが，事態の一面しか捉えていないという構造的
特質を持っているからである。

　また，ひとつひとつの技法を身に付け，あるいは弁護士面談の具体的展開を
理解することで，クライアントとの関わりが十分なものになるかというと必ず

しもそうとは言えない現実があり，そこにリーガル・カウンセリングの難しさがある。

　すなわち，クライアントの認識は多様であり，紛争や問題状況は刻々と変化していく。あくまで個々の相談の現場の状況での弁護士の実践を可能にする臨床的能力は，実際にはクライアントが語る物語を通じて理解する努力を続けていくしかない。

　クライアントは，自分のストーリーを話した後で，弁護士からあいまいな部分，不確かな点，複雑な気持ちなどについて訊ねられ，自分自身の疑問について話をする中で，クライアントの認識あるいは感情がしだいに変化していく可能性がある。また，言葉の背後にある事実そのものに目を向けることから，新たな展望が育まれていくこともある。

　クライアントが自分自身のストーリーを生きているか，いつの間にか他人のストーリーを引き受けていないか，弁護士との会話の中でもう一度考えるところから始めてみることが必要な場合もある。

　情報収集というと，クライアントからいかに的確・効率的に情報収集するかというイメージをもちやすい。しかし，第1章で見たように両者の関係はこのような一方的な情報収集過程ではなく，クライアントの様々な悩みが自ら自発的に語られ，弁護士が個別に応答することが必要である。また，クライアントの様々な質問を誘発することにも意味がある。「何でもいいですから，何か質問はありませんか？」といったことである。

　したがって，ここでも弁護士は，クライアントとの相互関係での多様な集積の中に身を置いて，物語そのものに耳を傾けるという面と，法的観点でものを見ていくという面とを自在に切り替えていけるチャンネルを広く合わせ持っていることが必要である。こうした，その場の状況に応じて，共に揺れていくことで，関係性が変化することが新しい物語を切り開く可能性へとつながる。

〈例〉
弁護士「ご説明をいただきましたが，相手の方はどのようなことを言ってきそうですか？　あるいは言ってきているのでしょうか？」
クライアント「(説明する)」
弁護士「そうですか。先ほどあなたに聞いたこととはいくつか異なる点がありそうですね。そういう食い違った点についてのあなたのこだわりみたいなも

のはどうでしょう。事実をはっきりさせることが大事なのか，何らかの解決
が得られればいいのかとか。」
　クライアント「そうですね。私としては，できるだけ早くこの問題を円満に解
　決したいと思います。あまり細かい点にあれこれこだわっても仕方がないで
　すから。」

§4 ＿ オンライン等の相談

▶1　オンライン等の相談の必要性・利便性

　法律相談においては，クライアントとのコミュニケーションを通した言語的・
非言語的なコミュニケーションの過程が重要であり，特に，初回の法律相談は，
お互い，初めての関係構築をしていくため，様々な非言語的なコミュニケーシ
ョンがより重要となる。そのため，これまで，対面相談を前提とする法律事務
所が多かったのではないかと思われる。

　しかし，新型コロナウイルス感染拡大に伴い，対面での相談実施が困難な状
況が生じ，オンライン等での相談を実施することへの社会的要請が強まり，オ
ンライン等の相談を取り入れることが多くなっていった。このため，以前より
も，オンライン相談は普及したのではないだろうか。

　もともと，遠方に居住しているまたは移動が困難な当事者への対応，あるい
は，幼い子を抱えた親が自宅から子連れ外出ではなく，自宅で子どもを近くで
監護しながら相談を受けることができるなど，オンライン相談の潜在的需要は
あったように思われる。今後，来所相談が困難なクライアントにも法的サービ
スを幅広く提供するツールとして利用されることが期待される。

　とはいえ，既に述べてきたとおり，初回相談は，非言語的コミュニケーショ
ンが重要であるため，対面相談よりも非言語的情報は劣る。他方で，オンライ
ンツールを用いる場合（Zoom，Skype，Teamsなど），映像によって視覚的な情報
をお互いに共有できることから，電話相談と比べて，対面相談の代替手段とし
て有効である。また，モニターを通しての距離があるので，クライアントにと
っては，圧迫感，緊張感が軽減される面もあるとも思われる。

▶2 オンライン等の相談の限界

【1】 情報量が限定的であること

オンライン等の相談においては，映像が表示されるオンラインツールを用いた場合であっても，情報量は限定的である。すなわち，画面から視覚的情報が映像から入ってくるとはいえ，通常は，お互いに肩から上の映像のみである。

初回相談の場合には，お互いに初対面の相手の印象を創造し，関係構築をしていく上での受け取る情報として十分とは言えない。そのことは，弁護士だけではなく，クライアントもまた，同様である。画面に表示されている正面からの顔の映像と，声のみ，という限られた情報に依存することとなり，対面相談であれば本来得られる非言語的なシグナルの読み取りが不十分となる可能性がある。

【2】 オンライン機能の限界

オンラインツールを用いる場合，お互いの発言が重なると音声が途切れてしまうことがあるため，同時に発言することが難しい。そのため，対面のときのようなテンポのよい掛け合いをすることは難しく，相槌のタイミング，会話の「間」が対面相談とは異なってくる。うまくいかないと，オンラインであるがゆえのストレスを大きく感じてしまうことが懸念される。

また，「目線を合わせる」ということが難しい。表示の設定にもよるものの，画面に表示されている相手の表情に目線を合わせていても，相手との「目線が合う」という感覚とは異なる。

【3】 資料の共有・図式での説明などの困難

オンライン等の相談では，紙媒体での資料をその場で即時に共有することが難しい。あるいは，説明の際に，図式を描いて，それを提示・共有しながら相談を進める，ということも対面相談のときのようにはいかない。

例えば，オンラインの資料共有機能を利用する，ということがあり得るが，こちらからの資料提示の場合には，この機能を積極的に利用することが考えられるものの，クライアントから提供を受ける資料の場合，クライアント側が共有のための資料をデータ化していないと，利用はできないことになる。

そのため，対面相談の場合よりも，事前に情報を送付しておいてもらうなど，準備を入念に行っておくことが，オンライン相談であっても対面相談と同程度でのクライアントのニーズにこたえるためには必要なところである。

【4】 姿勢と疲労

一定の姿勢と位置を維持する必要があり，常に電話やカメラに集中する必要があるので，緊張と疲労が集積する。長時間のオンライン相談はかなりの精神的な疲労が蓄積する。

▶**3** オンライン等の相談の限界に対する対応

オンライン等の相談では，▶**2**に挙げたオンラインによるツールとしての様々な限界から，クライアントとのラポール（信頼関係）形成の難しさがある。そこで，対面相談よりも，次のような方法で注意深く対応し，その限界を補完していく必要がある。

【1】 アイスブレイキングの重要性

まず，視覚的情報が限られていること，非言語コミュニケーションの情報量が不足していることから，相談の前のアイスブレイキングが，対面相談のときよりも，一層重要となる。例えば，その日の体調を尋ねてみたり，こちらから日常的な話を少ししてみたり，緊張をほぐし，限定的な視覚情報を補い，スムーズに法律相談に入っていけるような工夫が必要である。

【2】 事前情報の取得・十分な聞き取り

また，視覚情報・コミュニケーションのテンポなどの限界，身体言語の読み取りが難しく，クライアントの心情・感情を読み取ることが，対面相談よりも難しい面がある。そこで，クライアントからのていねいで十分な聞き取りが，対面相談よりも，より一層重要になってくる。

加えて，事情の聞き取りの補完として，相談前にていねいな事前情報の取得も必要と言える。オンラインツールの共有機能の利用がスムーズにいかない場合にも備え，事前資料の共有も，できる限りしておくべきである。

【3】 頷き，ジェスチャー，「明確化」「要約」で理解を示す

同時に発言すると途切れる，目線が合ったという感覚が持てない，などのオンライン機能に対しては，主にクライアントが話をしているときには，音声は切って，ジェスチャーでうなずくことに替えることで共感・受容を表現したり，相槌・促しのかわりとして対応したり，対話が必要な場面では相手方の発言が完全に終わってから話し始めることを心掛けるなどの対応が必要である。

実際，オンライン上では，表情，うなずきの程度などによって，話し相手が自分の話をどのように受け止めているかを読み取ることになる。そこで，オン

ライン相談中にメモをとって下を向いてしまうと，もともと制限されている情報の中でも貴重な，表情，うなずきなどの情報が相互に遮断されてしまうことになるので，対面相談のときよりも一層，メモを取って視線を画面から外してしまう時間は極力少なくすべきである。

　また，クライアントの話を，「明確化」，「要約」によって，こちらの理解を示し，クライアントに対しての安心感を与えることが対面相談よりも重要となってくる。

▶4　その他の注意点

【1】　相談場所，同席者の存在

　オンライン等の相談の場合，クライアントの相談場所が分からない場合もある。画面設定で背景をバーチャル背景にしている場合などは，どこで相談を受けているのか，同席者がいるかいないか，などの情報も，こちら側からは読み取れない。相談者によっては，相談場所を確保することが難しく，屋外で相談を受けている場合などもありうる。

　そこで，相談場所について，念のため，どこで相談を受けているか，同席者がいるか，第三者から聞かれる場所でないか，など，確認しておく必要がある。

【2】　録音・録画への対応

　対面相談の場合，録音を希望するクライアントは，事前に許可を求めてくる場合がほとんどである。しかし，オンライン等の相談の場合，クライアントにとっては手軽に録音・録画をすることができてしまうので，許可なく，録音・録画をするということも想定され得る。そこで，録音・録画を認めない場合には，事前に，アナウンスをしておくなどの対応が必要となる。

【3】　秘密保持・セキュリティの問題

　オンラインツールは，各ツールによってセキュリティの問題点が指摘されるなどしており，弁護士の側でセキュリティ上の安全性を完全に保障することは困難である。もちろん，ウイルス対策ソフトなどの利用は必須であるとしても，オンラインツール利用に伴うトラブルについては，弁護士側で安全性を保障できないことから，クライアントにどのツールを利用するかの承諾を得る際に，事前にアナウンスをしておく必要があると思われる。

第5章
助言・収束

§1 __ 積極技法

▶1 積極技法の意義と問題点

　法律相談は，「聴く」だけでは終わらず，何らかの情報や法的アドバイスを「伝える」「意見交換する」ことが，その重要な一部をなしている。しかし，この場合弁護士として大切なことは，クライアントの主体性を尊重しながら，あくまで聴いている姿勢で，クライアントに現実との直面化を求めて，これを契機としてともに考えていく姿勢が重要である。

　このようにクライアントに積極的に働きかける性質を持つ積極技法には，①伝える内容に関するもの（助言，指示，情報提供，再構成など）と，②伝える際の前提あるいは伝え方に関するもの（焦点化，対決など）とがある。

　弁護士が積極技法を使用するにあたっての一般的注意事項としては，①相談過程の中で，これを使用する段階は，基本的傾聴の連鎖を十分に行った後として，自分自身の中で明確に意識化して行うこと，②どのような伝え方をするのがよいかについては，断定的な言い方や強い口調ではなく，またクライアントの性格や理解度に十分合わせて行う必要のあること，③クライアントに対し，たとえば，「これから私の方で本件についての法律的な考え方を述べさせてもらいます」などと言って，積極的な意見を述べることを予め伝えてから行うなどの工夫をするとよい。

　そこで，このように考えると，まず伝える内容に関する積極技法を使用する前提として，どのような伝え方をすればよいかという技法をまずは理解しておくことが重要となる。

▶2 積極技法の種類

【1】 焦点化

　焦点化とは，ある特定の問題に焦点をあてて，あいまいな細部を明確化し，方向づけをする技法のことである。

　〈まず，相続関係がどのようになっているかから整理してみましょう（ひとつの問題に焦点を当てる）〉，〈今，現在はどういう状況なのですか（時間にスポットを当てる）〉〈今，何が一番不安ですか（クライアントの気持ちにスポットを当てる）〉，といった具合である。

　また，焦点化というと，弁護士側が焦点を絞るというイメージが強いが，そうではなく，クライアント側が抱えている問題を法的な側面その他多角的な視点から見ることを援助することにその本来の目的がある。したがって，早すぎる段階での焦点化は，クライアントの話を聴いたことにはならない。

　とくに法律相談では，クライアントが重要と考え，焦点化してほしいと望む部分と，弁護士側が重要と考える部分（たとえば，法的判断のために重要と考える情報）との間にギャップが生じやすいということがある。

　そこで，焦点化にあたって留意すべき事項としては，①クライアントのニーズから出発し，それとできるだけこれに近いところから焦点化を試みること，つまり，あくまで傾聴の延長線上での焦点化に努め，唐突に弁護士側で話題を変えないこと，②気づきを促す聞き方（たとえば，「現在の気持ちはどのようなものですか？」といった「分野を絞った開かれた質問」）をすること，③周辺的なところから，クライアントの反応を見つつ，段階をおって焦点化していくこと（たとえば，クライアントの様子によっては，思い出したくない事故そのものについていきなり聞くのではなく，現在の生活状況から聞いていくなど），④弁護士側の関心で，訊問的に行うのではなく，ともに新しい課題を考えるという姿勢で聞いていくこと，である。

　焦点化によって，クライアントにその問題を考える姿勢を持ってもらったとして，次は今起きている現実との直面化を試みるために必要なのが，対決という技法である。

　　〈例〉
　　① 時間に焦点を当てる
　　クライアント「事件が起きた時のことは気が動転してしまって何から話をした

らいいかよくわかりません。」

弁護士「それでは，車に乗って現場に差しかかったときのことから，順番に思い出して話をしていっていただけますか？」

② クライアントの気持ちに焦点を当てる

クライアント「息子が友達と繰り返し万引きをしていたと警察から知らされて気が動転してしまって……」

弁護士「今の素直な気持ちをもう少しお聞かせいただけますか？」

③ 弁護士とクライアントとの関係に焦点を当てる

クライアント「……」

弁護士「私の説明が，あなたには今ひとつ納得ができていないように思えるのですが，その辺の気持ちをできれば素直にお話していただけませんか？」

【問題―スキルプレイ】

　クライアント・弁護士・観察者の三者に分かれて，次の事例を前提に焦点化技法を使って離婚条件の聞き方について短いロールプレイをしてみてください。

　クライアント（30歳の女性で専業主婦）は，夫（32歳の会社員で月収35万円，貯金200万円）との間に子ども（４歳）がいてアパート住まいであるが，夫の女性関係が原因で離婚調停中である。養育費・慰謝料・財産分与等の離婚の条件についてどのように考えたらよいか。

【２】 対決

　対決の心理カウンセリングでの本来の意味は，クライアントが自分自身と自分の生活の中にある矛盾や不一致を見つめることを，穏やかに，敬意を持って援助する技法である。

　〈「あなたは，あなたの奥さんを愛していると言い続けていますが，いつも些細なことで言い争い，口論をしていますね」〉というように，「一方では……，でももう一方では，……」に書き分けられる。

　これに対し，法律相談では，客観的な事実関係を前提とした場合に，クライアントの希望は法的には実現が難しいなど，クライアント内部の想いと外界の法規範などとの対立という現れ方をし，それがクライアントの気持ちの中で対決を迫られるという展開になる使われ方をすることが多い。

　したがって，心理カウンセリングの場合の対決は，クライアントの心の内部

で自分自身の矛盾を考えてもらうのに対し，法律相談では，クライアントの抵抗がより強く，反発をまねきやすく，難しい問題を含んでいる。

そこで，対決技法に求められる姿勢としては，①人と人との対決にならないように，人と問題を分離し（問題の外在化），問題について一緒に考えるという姿勢を保つこと，②弁護士側の言葉の中に，非難・審判といった要素を含ませず，あくまで法律に照らすとこうなるといった客観的な表現に留めること，③断定的な表現は避け，できるだけ婉曲的な表現を使い，じっくり時間をかけてていねいに説明を行うこと，④専門的な法律用語を使わず，日常用語による，わかりやすい言葉を使うこと，⑤対決後は，クライアントに疑問の表出や反論の機会を提供して，十分に傾聴すること，⑥最後は無理をせず，その場での結着や了解にこだわらない姿勢を保つこと，などが挙げられる。

このように，実際にどのようなやり方で具体的に対決をするのか，同じ対決技法でも，うまい対決の仕方と下手な対決の仕方があることを十分踏まえてその実際的なあり方を考えてみることが重要である。

〈例〉
弁護士「離婚したいというあなたのお気持ちはよくわかりましたので，離婚後の生活という問題についてご一緒に考えてみましょうか。この点はどうお考えですか？」(焦点化)
クライアント「今はとにかく早く別居して離婚したいという気持ちで一杯で……。結婚するまで会社勤めをしていたし，子どもとふたり何とか生活していきます。」
弁護士「なるほど。離婚は一刻も早くしたいけれど，離婚後の生活はこれから考えようというわけですね。でも別居したら新しい生活はすぐ始まるわけですからその辺の具体的な姿をもう少しお話ししてみていただけますか？」(対決)

【問題─スキルプレイ】
クライアント・弁護士・観察者の三者に分かれて，次の事例を前提に，対決技法を使って短いロールプレイをしてみてください。
クライアント（女性）は，アパートの所有者であるが，ある賃借人が賃料を1年以上支払わない。またいつも不在がちでいつ訪ねてもつかまらない。クラ

　イアントは，自ら鍵を変えて，入れないようにしてしまいたいと言う。

【3】　指示・助言

　主に面談中期の判断形成過程において，重要な役割を果たすものとして指示，助言の技法がある。

　とくに，法律相談の場合の特徴として，法規範に基づく評価・指示・助言・説明をどのような点に留意して行うかという基本的な問題がある。この点は，とくに相談の内容から，クライアントの期待どおりの権利の実現が難しい場合には，弁護士との間で，しばしば法は緊張関係を引き起こす。どのようにクライアントの理解を得ながら法規範の説明をし，これを踏まえて次の展開に進めていけるかがひとつの大きな課題となってくる。

　①　客観的情報の提供・助言

　「法律によると，調停をやっても相手方が離婚に応じない場合は，訴訟という方法で裁判所に離婚を認めてもらう必要があります。訴訟になると，どんな場合でも離婚が認められるというわけではなく，次のいずれかの離婚原因が必要であると規定されています。」

　「その点については判例があって，それによればこうなっています。」

　(a)　情報提供の前提問題　　法律相談において，選択肢の開発や意思決定の前提として法的な意見とそれに基づく事案の見通しについて述べることになる機会は多い。

　法的意見の提示自体は，積極技法の「助言」に含まれるが，提示の具体的内容や表現については十分に工夫する必要がある。

　すなわち，法的意見そのものは，たとえば「法的な手続をとることは難しい」といった評価や判断を含む伝達内容である。このような場合，クライアントは，そのままの言い方をストレートにされてしまうと，落胆して，次の選択肢の開発や意思決定の段階まで進めなくなってしまうということも多い。

　そこで，まずクライアントにとって，どういう状況や理解の下で，法情報を提供したらよいかという問題がある。この点は，その人にとってなぜ法的問題が重要であると認識しているかと相関関係がある。たとえば，一見すると法的結論だけを求めてきているようなケース（たとえば，損害賠償請求できる権利があるかどうか，連帯保証人としてお金を返済する義務があるかどうか）でも，その人に

とって何が一番の問題か（たとえば，金銭的なことより，自己の正当性の確認であったり，主債務者との感情的確執であったりする）というところに立ち返って相談の位置づけを考えておく必要がある。このようなケースでクライアントの動機となっている背景や感情をていねいに扱わないと，法的結論だけが一人歩きしてより混乱させたり，事態を深刻化させかねないことがある。これでは法的知識の提供ではあっても，本来の相談のあり方とは言えない。

　(b)　法的な意見・判断の示し方　　同じ法的な意見や判断を伝えるとしても，対決技法の説明でその一部を見たように，伝え方によってクライアントに与える影響は大きく異なる。そこで次のような諸点に留意しておく必要がある。

　まず，①法律用語をわかりやすい日常用語に置き換えて説明する，②抽象的な説明ではなく，できるだけ具体例を挙げて説明する。③どうして法的には，そういう規定が置かれているのか，根拠や趣旨をていねいにわかりやすく説明する。④断定的な言い方は避け（たとえば，「法的には無理だ」），相談者がどのように受け止めるかに十分に配慮しながら，客観的な説明の形で述べる（「その点については，本件と同種事件についての最高裁判所の判例があって，それによれば……となっています」）。

　(c)　明確に伝えるべき場合　　法情報，あるいはそれ以外の情報でも，それがクライアントの権利の確保のために，しっかりした根拠を持つもので，クライアントのニーズを満たすことがはっきりしている場合（たとえば期限内にクーリング・オフの通知を出すといったこと）には，できるだけ明確に伝え，速やかに実行に移すように認識してもらうことが重要である。また後述するクライアントによる意思決定は，たとえば，売買契約をやめるかどうかについて，その自律的決定を尊重するということであって，やめるとした決定を実行するための手続を弁護士が積極的にアドバイスすることは，言うまでもなくクライアントに何ら不利益を与えるものではない。

　(d)　事案についての見通しの示し方　　法律相談に訪れるクライアントのニーズのひとつとして，事案についての今後の見通しを知りたいという場合がある。そのこと自体の要請に応えることは，不安を抱えたクライアントに重要な意味を持つ。しかし，なかなか見通しが示しづらいケースでは，あわてて見通しを述べようとせず，とりあえず相談過程を次のステップに進めるべく，もう一度話を膨らませる工夫をして，考える機会を増やすことを試みることが大切で，その際に注意すべきは次のような点である。

まず，①クライアントの話を聞いた限りではという，限定付きの見通しであるということを明示しておくべきこと，次に，②そもそもクライアントの語る事実関係だけでは，判断がつかず見通しそのものが立てにくい場合もあり，その場合は情報収集をさらに依頼する必要が出てくることもある。③見通しというのは，あくまで自然にそのとおりに進むということでなく，相手方や第三者がどのような行動をとるかとの相関関係によるものであり，クライアント自身の認識や考え方を最初に明確にしておく必要がある。そして，④見通し自体について複数の選択肢や可能性がある場合があり，またどういう手続をとるかによって選択肢が変化していくことも指摘する。

　同じ法的な見解を伝えるとしても，クライアントに有利な内容である可能性が高ければ，むしろ元気づけられるので問題は少ない。しかし，クライアントに不利な内容である可能性もある場合には，より深い配慮が求められる。この場合には，次のような点に留意することが必要である。

　すなわち，「必ずしも，あなたが考えているように行かない場合もあるので……」など，クライアントの感情に十分配慮しながら説明する。この場合，理詰めで説明しても，クライアントは，その場でわかったような気になるだけで，実際には納得できていないことも多い。この場合には，感情と折り合いをつけられる会話が別途必要である。

　また，技法的には，いきなり言うのではなく，焦点化→対決→助言といったプロセスを踏まえることが効果的である。そして，この場合もクライアントに疑問の表出や反論の機会を提供して，十分に傾聴する。そして最後は無理をせず，継続相談の機会を作るといったことも場合により必要となる。

　いずれにしても，事件の見通しについて，クライアントの理解や了解を得つつ，相談過程を進めていくことが重要である。そして，このことは，弁護士が事件を受任するかどうかの前提としても必要となる。

〈例〉
クライアント「中学の時に自分が，両親の本当の子どもではなくもらい子でしかも，戸籍上は実の子であるように届けられたということを知りました。私には相続権はありますよね。」
弁護士「経緯をもう少し詳しく聞かせてくれますか？」
クライアント「（小さい時に母親に虐待されたことその他をクライアントが詳

しく説明)」

弁護士「そうすると，両親に対していろいろな想いが入り混じっているという
　　わけですね。あなたにとって，相続という問題は自分の気持ちの中で今どの
　　ように位置づけられているのでしょうか？」

クライアント「もう関わりたくないから，何もいらないという想いと，いろい
　　ろ苦労してきたんだからという想いと両方あります。」

弁護士「そうですか。あなたの揺れているお気持ちはよくわかりました。この
　　問題は，藁（わら）の上からの養子と言って，最高裁の判例もあって，なか
　　なか難しい問題を含んでいます。これから，少しずつ問題を整理しながら説
　　明していきますね。もし途中で疑問が生じたら言って下さいね」

② 説明

「相手方の訴状に対して，その言い分や事実を認めるか認めないか，反論と
してどういうことがあるかを記載した答弁書というものを決められた期限まで
に裁判所に提出する必要があります。」

「家庭裁判所の調停というのは……という手続です。」

説明の要点はわかりやすく，しかもていねいに行うということである。弁護
士自身にとっては当然のことでもクライアントにとっては，はじめての経験で
あることが多く，できるだけ具体例を挙げるなどして説明することが必要であ
る。また理解してもらえたかどうかを「要約」によって確認してみることも大
切である。

この関係で，図の効用ということが挙げられる。ホワイトボードなどに関係
者や問題点を図解して説明することで理解しやすくなると同時に，問題を外在
化して，少し距離を置いて考え得る機会を提供することにつながる。

③ 指示

「そういう行動をとるということは，法的には自力救済ということになって，
違法なのでやめてください。」

「次回，来られるときは，更新前の一番はじめに交わした元になっている賃
貸借の契約書を持って来てください。」

指示はクライアントがとるべき（またはとるべきではない）行動の方向を示唆
する技法である。この場合，起こってほしいと望む行動について，わかりやす
く，具体的に，押しつける形ではなく，納得を得ながら説明していく。そして，

クライアントに理解されたかどうかの確認を行う。

　実際の場面で，指示が問題になるのは，①弁護士の立場から具体的にしてほしいことを明確に指し示すか，②定まった方針のもとで，それを実現するために必要な手続的な事項の依頼であることが多い。

　後者のような事務的な事項の指示は，あまり問題はないが，前者のたとえば，クライアントが違法なこと，あるいは倫理的に相当でないことを行おうとしている状況のように基本的態度決定に関わるところでの指示は，どうしても一方的な働きかけとなり，クライアントの抵抗感も強いため，難しい問題を含んでいる。

　とくにこのような場合の指示の技法は，クライアントに対する事実上の強制力がかなり強いので，クライアントにも疑問の提出や，十分な反論の機会が与えられるべきであり，不満がありそうな場合は，クライアントの気持ちを引き出し，ていねいに傾聴をする必要がある。

【4】　自己開示（自己の解釈・見解などの示し方）
〈私メッセージ〉　　　＝　「私はこうしたほうがよいと感じています」
「私だったらそうはしたくないですね」
〈あなたメッセージ〉＝　「あなたはこうすべきだ」
「それはまちがっている」

　弁護士が相談案件について，自分の感想や意見を述べる機会は多いものである。この場合大切なことは「あなたはこうすべきだ」とか「それはまちがっている」という言い方ではなく，「私はこうした方がよいと思いますけどね」とか「私だったらそうはしたくないですね」と，私を主語にして語りかけるという方法をとることが望ましく，これを〈私メッセージ〉という。

　これは，弁護士とクライアントが対等の立場に立って，１人の人間として感想を述べ，判断の材料にしてもらおうという考えに基づいている。

　私という主語（〈私メッセージ〉）を使うことによって，相手を尊重する姿勢を示す。これに対して〈あなたメッセージ〉は，評価的・批判的なニュアンスを相手に感じさせやすい。

〈私メッセージの例〉
クライアント「和解に応ずべきかどうか，どうしても迷ってしまうのですが，先生はどう思われますか？」

弁護士「そうですね。それぞれの利害得失はご説明しましたのでおわかりいた
　だけたと思います。100％の満足ではないでしょうけれど，今，思い切って
　和解をしてすっきりするというのもひとつの方法だと私は思いますけどね。」
〈あなたメッセージの例〉
クライアント「和解に応ずべきかどうか，どうしても迷ってしまうのですが，
　先生はどう思われますか？」
弁護士「それぞれの利害得失はご説明しましたよね。いろんな状況を考えたら，
　あなたは思い切って和解をすべきですよ。」
クライアント「でも，判決の方がもっと有利な結果を得られるかもしれないと
　いうお話でしたね。」
弁護士「負けるかもしれないというリスクもあるということですよ。今の状況
　ならあなたは和解した方が断然有利ですよ。」

【問題】
次の〈あなたメッセージ〉を〈私メッセージ〉に変えてみてください。
1　あなたの奥さんに対する今のような態度は，今後の調停の進行のことを考
えたらまちがっていますよ。
2　あなたが自分で書面を書いて相手に送ると，内容によってはそれがかえっ
て相手方の証拠になってしまうのでやめてください。
3　あなたが自分で本人訴訟の形で，裁判所でこの事件をやるのはとても無理
ですよ。

【問題―スキルプレイ】
　クライアント・弁護士・観察者の三者に分かれて，次の事例を前提に，自己
開示を使って短いロールプレイをしてみてください。
　クライアント（女性）は，交通事故の被害者であるが，足に後遺症が残った
ことから，損害賠償という金銭的解決ではなく，加害者に報復しようと直接行
動をとりたいと考えている。

【5】　論理的帰結
　クライアントの行動によって，起こり得る論理的な展開とその帰結を，わか
りやすく伝える技法である。クライアントに自分の行動のもたらす予測される

結果を気づいてもらうべく，ある決断の結果の損得について考えるのに必要な判断材料を提供する。

その上で，いかなる行動をとるかはあくまでクライアント自身に決定してもらう。

弁護士は，リーガル・マインドを習得していることの結果として，ものごとを論理的に説明すること，因果関係の流れに即して説明することは得意である。こうした特性は論理的帰結という技法の使用に役立つことが多い。しかし，反面，論理で割り切れない様々な感情を切り捨ててしまうことのないように十分に配慮することが合わせて必要である。

〈例〉
　弁護士「相手方の提案に応じる場合と拒否する場合とで，それぞれの今後の展開の見通しの違いを少し説明させていただきますね。応じた場合は，200万円の現金が入ります。しかし，あなたはそれと引換えにこの建物に対する権利がなくなり，出て行かなければなりません。そのために事前に引越し先を探し，敷金や家賃を新たに用意しなくてはなりません。これに対して，拒否した場合は，相手方は訴訟を起こしてくるでしょう。訴訟の結果は，それぞれが自分で建物を使う必要性がどの程度あるかとか，建物の使用状況などの事情を踏まえて判断されることになります。先ほどお聞きした事情からすると，先方が立退料の提供までしてきているようですし，訴訟の見通しは必ずしも有利とはいえないように思います。もちろん訴訟を起こされても，その中で和解のチャンスはあるとは思いますが。」

【6】　積極的要約

「私が今まで言ったことをまとめるとこういうことです。」

弁護士がクライアントに説明したり，情報提供したり，自己開示したりした内容を，もう一度まとめてクライアントに示すことである。

すでに述べた傾聴技法での要約の場合には，クライアントの話を要約するということであるのに対し，積極技法としての要約は，弁護士の方で話をもう一度整理して説明し，伝えるべきことのまとめと再確認をクライアントにしてもらうという意味がある。

積極的な要約は適切な時期に，しかもできるだけ法律用語を使わず，具体的に，わかりやすい言葉で行われる必要がある。弁護士面談では相談が様々なプ

ロセスをたどることが多いので，的確な積極的要約を行うことによって，クライアントの確認をとりつつ理解を面談の区切りで，促すことが求められる。

【7】 再構成

弁護士がクライアントに新しいパースペクティヴで紛争や問題を見ることを援助する技法である。クライアントにとってこれまでと異なった代替的な枠組みを提供する機能を有している。

焦点化技法は，この新しいパースペクティヴを引き出す力を促すのに影響を与える。たとえば，焦点化→対決・助言→再構成というのが技法としてのひとつの流れである。

再構成は，とくに次に述べる選択肢の開発や意思決定過程において，大きな役割を果たすことが期待される。クライアントは，多くの場合，自分の限られた見方のみから紛争を捉えがちで，これを前提として硬直的な対応をしてしまうことも多い。このような場合，弁護士がクライアントの直面している事態を，少し別の角度から眺められるように援助することによって，クライアントにとって新しい視野を開いていくことにねらいがある。

それは，クライアントの言うとおりにするわけでも，何らかの指示をするものでもない。弁護士からの情報提供によって，膠着した問題を切り離し，ほぐしながら，一緒に問題を考え続けていこうという姿勢を保つこと，これによって，当事者が陥っていた混乱，法的なものへの過度の期待，関係者との距離の取り方，自らの現実的な生活形態といったものの枠組みが少しずつこれまでの様相から別の展開へシフトしていくことのきっかけとなっていく。具体的な相談過程では，そうした両者の試行錯誤的な関わり合いの中でクライアントが変化を遂げていくことが期待される。

〈例〉
クライアント「法的な請求がなかなか難しいことはわかりましたが，何かほかにとるべき手立てはないのでしょうか？」
弁護士「そうですね。それを少し一緒に考えてみましょう。先ほどあなたのもともとの目的はお金を相手に要求することにあったわけではないということでしたが，もう少し具体的に話をしていただけますか？」
クライアント「ええ，まあ，怪我をしたりしたわけではないので，お金を要求するのが必ずしも本意ではありません。こちらの製品に対するクレームに対

して，相手の態度があまりに事務的であったことや，商品自体をよく調べて
　　もらって，この商品だけのことかどうかはっきりさせたいとか，そんないろ
　　んな気持ちからです。」
　弁護士「そうですか。そういう法的以外のところでの想いがシャットアウトさ
　　せられてしまったことに不満があるわけですね。その点についてどのように
　　要求していったらいいか少し考えてみませんか？」

§2 ＿ 問題構成

▸1　はじめに

　問題構成とは，それまでの基本的傾聴の連鎖を中心とした面談過程の結果を
踏まえて，クライアントにとっては何が問題であるのか，あるいはどうしたい
のか，また弁護士にとっては，主に法的にどのようなことが問題になるのか，
他に検討すべき課題はないかといった双方にとっての面談の多様なテーマを明
確にすることを主眼とした面談の段階をいう。

　クライアントが自分のニーズを言葉として明確化できないと，次の選択肢の
開発につなげていくことができない。一方弁護士にとっては，クライアントの
考えているニーズを達成するのに十分な法的な問題構成が見つかれば，次の段
階に進むことが可能となる。

　しかし，このような問題構成の段階でクライアントが問題と考えている事項
と弁護士が問題と考える事項のギャップの存在が明らかとなることは多い。ク
ライアントは，法的な対応によって現実的な打開策が見出されると思っている
が，弁護士にとっては，法的には権利性が乏しいとか立証が困難であるとかに
よって十分な対応ができない，あるいは求められている救済手段が法的には認
められていないといった場合などである。

　第1章で見たように問題構成を，それぞれにとって厚みのあるものにしよう
とするためには，クライアントと弁護士それぞれにとって問題とされた事項を，
まずは，お互いにはっきりと認識し合うことが重要な課題となる。

〈例〉

弁護士「さて，今までのお話を前提とすると，これからご一緒に考えなければ
　　ならないいくつかの問題が見えてきたような気がしますので，その点を少し
　　確認の意味でお話させてもらってよろしいですか？」

クライアント「はい。」

▶2　クライアントにとっての問題構成への対応

　実際にとり得る選択肢を考えていく場合に，まずは，クライアント自身の中
では，どのような問題が大きなウエイトを占めているのか，この点をはっきり
させて，実際にどのような対応を考え得るかというアプローチをたどることが
まず必要な第一歩である。

　この場合の問題構成における弁護士の基本的態度は，傾聴におけるのと同様
に無知の姿勢によって問題を捉えていくということである。

　すなわち，クライアントの語りを紋切り型のストーリーに押し込んでしまわ
ず，いわば世界に唯一の物語として，弁護士がその固有のシナリオの内側に身
を置くということである。その意味で，無知という構えによる問題構成は，絶
えず変化してゆく理解に備えるため必要な基本的態度である。

　もちろん，弁護士がこうした努力を続けることで，クライアントの理解に簡
単にたどり着くということではない。しかし，その場合には，話を聴くことを
通じてわからなさに付き合うことであってもよいし，またやっとのことでわか
ったと思った解釈にしがみつく必要もない。クライアントの問題構成の段階で
の弁護士の役割は，その意味でクライアントにとって問題の明確化を図る以上
の意義には，必ずしもこだわらずに臨むことで足りる。

　後で振り返ってみると，クライアントの問題構成が次の選択肢の開発を考え
る際に残る場合もあろうし，選択肢の検討過程で対象からはずれていく場合も
あろう。しかし，大切なのは，その前の問題構成の段階では，クライアントの
こだわりにしっかりと付き合うことが求められる。

　実際に，クライアントのニーズや物語を聞いていくと，クライアントが問題
と考えている背景がしだいにはっきりしてくることがある。たとえば，姉妹の
遺産分割をめぐる事件で，妹がクライアントであるという場合，自分は亡くな
った父親が生きている間中，結婚しないで一緒に住んで父親の面倒をいろいろ

と見てきたのに対し，姉は一切そういうことはしなかった。今は自分と話をしようともしないことを怒り，きわめて感情的になって，遺産は一切渡したくないと主張しているとしよう。こうした問題は，法的には寄与分の問題として，審判例などを参考に寄与の割合として評価されるものであろうが，クライアントにはそうしたことは理解できない。このクライアントにとっては，自分が受けてきた仕打ちや姉の冷たさが紛争の主要部分を占め，姉が遺産分割の調停を求めていること自体が許せないということにもなる。

　弁護士としては，こうした場合も，まずはクライアントが問題としてこだわっている問題構成のひとつとして，とりあえずしっかりと位置づけて，この問題にどう対応していくかという共に考える展開につなげていくことが求められるわけである。

> 〈例〉
> 弁護士「まず，あなた自身のお気持ちとしては，自分がこれまでずっとお亡くなりになったお父さんの面倒を見てきたのに，お姉さんが，そういうことを一切考えないで，しかも当事者同士で話をしないで，いきなり遺産分割の調停の申立てをしてきたことが許せない，一切遺産は渡したくないということですね？」
> クライアント「そうです。姉はほかのところへ嫁いで，それっきりで，家にはほとんどこなかったのに，私はさんざん家政婦代わりになって父の面倒を見てきたのですから。」

▶3　弁護士にとっての問題構成への対応

　弁護士にとっての関心事は，むしろ語られた内容が法的にはどのような評価を受けるものであるかを検討するという視点であろう。

　クライアントの話を聞いているうちに，法律的に見て適用可能な問題構成がいくつか見えてくる。そして，そうした問題構成を明確化していくためには，まだ不足している情報，あるいは主張の弱い部分があるという場合に，閉ざされた質問や焦点化などの積極技法によってさらに情報を集めていき，法的問題構成をしだいに強固なものにしていく必要がある。

　しかし，この作業はどうしても，それに関係しない事実やクライアント自身の問題構成を視野の外に追いやってしまいかねない構造を必然的に持っている。

したがって，厚みのある問題構成を実現するためには，「あれかこれか」ではなく，法的構成のみに必ずしも捉われない「あれもこれも」というところから出発し，クライアントの考えている問題構成あるいはそれ以外に考えられる問題構成を同時に視野に入れて，それらを並列させつつ検討を進めていくという複眼的な面談構造のあり方が求められている。このように多様な視点を切り捨ててしまわないための工夫の上に立って，問題構成を複数位置づけてみるのが，ここでの弁護士の役割である。

　要件事実を意識するということは，その前提として弁護士は，特定の法的構成，たとえば不法行為による損害賠償請求権や正当事由による解約申入れに基づく建物明渡請求権といったものを念頭において，その請求権の発生要件や障害・消滅要件を考えていくというスタンスになる。

　この場合に弁護士は，クライアントの語る事実関係から特定の法的構成や要件事実を想い浮かべて，その内心であてはめの作業をやっているということが多いであろう。しかし，ある程度弁護士自身の中での検討が固まった段階で，クライアントに対して具体的ケースに即して，クライアントの問題構成と並置させつつ，法的な説明をわかりやすく行うことが大切である。

　たとえば，クライアントと相手方との間に契約関係の成立を認めることが，聴取した事情からは困難であるという場合には，まずはその旨を告げ，それでは次に不法行為ということで損害賠償請求できないか考えてみましょうという旨をていねいに説明するということである。これによって，クライアントも，法律問題の検討に一緒に参加しているという感覚を味わうことが可能となる。

　ところで，弁護士にとって法律相談において，法的問題構成で遭遇する難しい問題には次のようなものがある。

　①　法的構成自体が困難な（権利性の認められない）場合

　クライアントの話を聞いた結果，それを法的な問題として相手方として考えている人に請求していくことが，仮に事実関係がそのとおりであったとしても困難と考えられる場合である。クライアントとしては，法的な救済を当然に受けられるはずであると思い込んでいる場合に問題はより深刻化する。

　②　法的構成自体はできても，クライアントの考えているような要求はとても困難である場合

　たとえば，3,000万円とか高額の慰謝料を請求したいというクライアントの考えに対し，過去の裁判例などに照らして考えると，同種事例で100万円程度

が認められる程度で，とても当該事実関係のもとでは，そのような請求は無理であるというような場合である。

③　法律要件自体が規範的なものであるため（過失・正当事由など），クライアント側の語る事実関係だけでは，相手方の主張や事情もよくわからず，法的な評価，判断が難しいという場合

④　事実関係自体が複雑，曖昧あるいは相手方との間に食い違いがあって，法的構成の前提の事実の存在自体に問題があると考えられる場合

⑤　どのような法的構成をなすべきか，一義的にはっきりしない，あるいは過去の判例や学説などにさらにあたってみる必要があると考えられる場合

このうち，①，②のような場合には，積極技法を使って，弁護士から客観的情報提供や助言を行う必要があり，その前提として焦点化→対決といったプロセスをたどることになる。また，③のような場合は，事情や状況によって結論が変わってくる場合には，「論理的帰結」を示すことになろう。さらに④⑤であれば，継続相談の形をとって時間をおいて事実や法情報の調査検討が必要となる。ただ，いずれの場合も，こうした弁護士による法的問題構成とクライアントの問題構成をどう織り合わせていくかということが，あくまで中心的な課題となる。

▶4　その他の問題構成

法的な問題として捉える以外に，同じ問題を他の専門家に相談すればまた異なった問題の捉え方がなされよう。

たとえば，シックハウス症候群の建築紛争の被害者からの相談では，弁護士，建築家，医者，カウンセラーはそれぞれ自分の専門分野と結びつけて問題構成を行おうとするであろう。このような場合には，クライアント・センタードの前提に立ちつつ，それぞれの専門性の観点から問題にアプローチをしていく必要がある。基準化されている化学物質の許容範囲を超えているかどうか，医学的診断はどうか，心理的要因はどうか，法的に可能な構成や請求範囲はどうか，などの情報が複合的に提供される必要がある。そうすることによって，クライアントは，自らの置かれている状況を様々な角度から知り，自分自身のニーズとの関係を自覚し，様々な検討をすることが可能となる。

▶5 問題構成の関係性の検討

このように問題構成を厚く考えることによって，クライアントのニーズの充足や，心理的納得からする問題構成と弁護士の法的な問題構成との関係をどう位置づけるかが現実的課題となる。

こうした場合に問題構成の段階でなすべきことは，どのようなことだろうか。先に述べた姉妹の遺産分割の例で考えると，まずは，それぞれの問題構成を並置させつつ，弁護士とクライアントがそれぞれの問題構成の存在を認識し合うことであると思われる。すなわち，互いにその重みを実感しながら，とくに弁護士はクライアントの問題構成を十分受け止め，また弁護士は寄与分という法律的な説明をクライアントに行い，それぞれの問題構成に即した選択肢を考えるという姿勢をひとまずとってみることである。これによってクライアントは，自分自身の問題構成も等しく検討の舞台にあげられていることを実感することができる。

〈例〉

弁護士「あなたのお気持ちはよくわかりました。少し法律的な観点からご説明させていただいてもよろしいですか？」

クライアント「はい。」

弁護士「この点はご承知かと思いますが，相続人はあなたとお姉さんのお2人で，とくに遺言書はないようですから，相続分は2分の1ずつということになります。問題は，あなたが生前お父様と一緒に住んでいろいろと面倒を見てこられたことがどのように法律的には意味を持ってくるかですが，面倒を見たことによってお父さんの財産の維持や増加に寄与したという意味の寄与分という形で，相続分にプラスして計算されることになります。」

クライアント「どのくらいの割合で評価されるのですか？」

弁護士「はい，その点は……というようになっていて，過去の家庭裁判所の審判例によると……といったものがあります。」

クライアント「じゃ，何もあげたくないという私の言い分は通らないんですね。」

弁護士「すでにお姉さんから調停が起こされているようですから，その点を少しご一緒に考えていきましょうか。」

▶*6*　紛争の熟度

　法律相談において，弁護士にとって大切なことのひとつに，持ち込まれた紛争の熟度がどの程度かという問題がある。これは，主に，当事者間の紛争状態がどれだけ進捗しているかによる区別であるが，クライアントが当該問題についてどれだけ深くコミットし，考えているか，悩んでいるかということと密接に関連している。

　ある紛争がすでにクライアントのもとにおいて，発生し，展開していて，たとえばすでに売買契約を交わして代金を支払ってしまってから，後で後悔して何とかならないかと言って相談が持ち込まれたりすることがある。こうした場合と，これからたとえば契約を結ぶことの準備として，相談に訪れるときとでは，弁護士にとってもクライアントにとっても，問題の意味は全く異なるし，弁護士の関わり方にも変化が生じる。現実的問題が発生し，また時間が経過すれば，選択肢や意思決定の幅も小さいものとなってしまうし，クライアント自身がいわばそこまでの道を自ら歩んで来たことによる様々な想いも錯綜する。こうしたケースでは，法律関係や人間関係も複雑化し，問題解決をいっそう難しくしていることが多い。

　　　〈例〉
　　弁護士「今までのお話によると，隣のお宅は全焼してしまって，取り壊されて建物がなくなってしまったので地主から，この際出て行ってほしいと言ってきた。でもあなたのところは，3分の1程度，延焼で焼けたにとどまって，とくに地主からはまだ何も言ってきてはいないということですね。焼けた部分の損害はどうされたのですか？」
　　クライアント「はい，その部分は，火災保険を付した保険会社と現在協議中なのです。そちらもなかなか交渉が進まなくて……。どうしたものでしょうか？」
　　弁護士「そうですね。少し問題を整理してみましょう。」

§3 __ 選択肢の開発

▶1 はじめに

　問題構成によって何が問題かを，クライアントのニーズと弁護士の法的評価を踏まえながら特定した場合に，次になすべきことは，これを前提に具体的行動や解決のための選択肢を考え出すということである。

　この場合には，弁護士とクライアントの問題構成に基づき，考え出したいくつかの選択肢をとった場合に予想される影響・結果をハッキリさせ，どの選択肢がもっとも満足や納得のいくものであるかをクライアント自身が決められるように援助する。弁護士としては，各選択肢から予測される帰結と問題点（費用・勝敗のリスクなど）を明らかにして，十分な情報提供の上に立って，クライアントに適切な選択をしてもらう機会を作ることが大切である。

　もっとも，選択肢が多すぎると選べないという「選択のパラドックス」と呼ばれている現象への対処も必要である。すなわち，比較するものが多いと選ぶのが大変で，選択した場合に疑念や後悔が生じるとされる問題である。

　このような点にも留意しつつ，クライアントと弁護士が選択肢をともに検討していくことを通じて，個人が自らの価値を自らで決定していくことができるように援助していくこと，そのための素地を提供することに弁護士の役割を見出していこうという訳である。

　そこでまず，選択肢を考える場合の基本的姿勢であるが，①前述の様々な問題構成に即しつつ，それぞれにおいて重要な，または無視できない選択肢を検討する。②クライアント自身が考えている選択肢をできるだけ尊重しつつ，それに現実的な問題があれば，その理由を一緒に考えていく。そのためにはクライアントの置かれた状況や職業，年齢，家族構成など固有の事情にも十分配慮する。③考えられる選択肢については，その利害得失などをわかりやすく説明する。④選択肢の提示にあたっては，現実的にその方法で行動を進めていくことを前提に，クライアントの視点に立ちつつも，弁護士としての第三者的な意見を積極技法を用いて示していくように努める。⑤検討の過程で不適切と考えられる選択肢については，その修正によって改善が可能かどうかの可能性を検討し，選択肢からはずさざるを得ない場合も実際には出てくる。その場合は，

クライアントのニーズを踏まえ，できる限り納得を得ながら選択肢からはずしていく工夫を考える。

▶2　どの範囲の選択肢を検討するか

　弁護士としては，クライアントと同じような状況にある人であれば，重要であるとか無視できないと考えるであろう選択肢について，クライアントとともに検討する機会を設ける必要がある。

　第1章で見た法的問題解析型関与モデル・具体的問題解決型関与モデル・ニーズ応答型関与モデル・カウンセラー型関与モデルというそれぞれモデルのあり方によって，開発されるべき選択肢の幅や内容は異なったものとなろう。しかし，弁護士の関与がこれらの4つのモデルが複雑に交錯した複合体であるとすれば，これらいずれのニーズにも答えられる厚みのある選択肢の開発こそが目指されるべきことになる。

▶3　法律的選択肢の分析確認

　法律的選択肢については，大きく分けて，(1)実体法的な選択肢と，(2)手続的な選択肢が存在する。

　まず(1)の実体法的選択肢としては，たとえば医療過誤事件で，債務不履行でいくか不法行為でいくかといった法律構成があるが，これは一般的には，弁護士の法的専門領域に属する事柄であり，弁護士側で選択して，なぜそのような構成をとるのが妥当か，クライアントに違いを説明するという性格のものであろう。

　むしろ，クライアントとともに検討すべき実体法的な選択肢としては，たとえば売主として不動産の売買契約の締結をしたのに残代金支払いの履行をしない買主に対し，残代金請求をするのか，契約解除をするのかといった，法的には両方可能であるが，その結果が異なり，実際にクライアントに大きな影響を与えるといった場合である。

　このように，法律的選択肢が現実的選択肢の違いと結びついてくる場合には，その選択肢の違いを法的な構成とそれぞれの帰結とを合わせて十分にわかりやすく説明する必要がある。

　次に，(2)の手続的選択肢の問題としては，①クライアントが法律相談を受けるのみで，自分自身の手で問題解決をするのか，弁護士を依頼するのか，とい

う問題と，②交渉・調停などのADRと訴訟という複数の紛争解決手続の選択肢があるなかで，現実にどれを選ぶかという点がある。そして，この①と②は通常は結びついているものでもある。たとえば訴訟ならば，多くの場合には弁護士を頼まざるを得ないであろうからである。

　まず，①の考え方について検討しよう。この点はクライアント自身が相談開始時点から，弁護士を依頼するつもりがあるかどうか，ある程度自分なりの考えを持っていることも多い。したがって，基本的には，ある程度相談が進んだ段階で相談内容を踏まえて，クライアントの考えに対して，弁護士との間で意見を交換することになろう。

　すなわち，事案の内容から見てクライアントが自分自身で進めていくことにとくに問題がなければ，継続相談も可能であることを示唆することで足りる。これに対して，クライアントは自分でやれると思っているが，弁護士からすると，保全処分や訴訟の必要がある，あるいは相手方には弁護士が付いているなどの事情があって本人だけで対応するのは難しいのではないかと考えられる場合には，その点を指摘し，受任の可否を検討する。また反対に，クライアントが依頼を希望しても，弁護士としては受任が難しいと考えられる場合，たとえば，それまでの交渉経過や相手方の態度から訴訟による判決を得るしか方法がないと思われるが，権利としての成立の主張が難しいなどの場合は，その点を指摘することが必要である。

　次に，②については，それぞれの制度の違いや当該ケースについてはどの手続がふさわしいと考えるか，理由を付してていねいに説明し，その後でクライアントの理解が得られたかどうかを確認し，合わせて受任する場合に必要な弁護士費用や契約の説明をする。

▶4　問題解決選択肢の分析確認

　①　リーガル・カウンセリングの観点からは，弁護士がクライアントに対してどれだけ様々な選択肢を提示することができるか，ということが重要な課題となる。法律的選択肢の有無しか考えず，その範囲内でだけ対応していたのでは十分とは言えない。クライアントのニーズを分析しながら，それにふさわしい選択肢を法律的選択肢に限定せずに，また法律的選択肢の利害得失も検討しながら，ほかの可能性をクライアントとともに考えていくという姿勢が必要である。

② 問題解決選択肢の検討に際してまず大切なことは，法律相談のプロセスではっきりした観点から，現実的に実現可能な選択肢はほかに考えられないかを検討するということがある。

たとえば，電子レンジから煙が出てすぐ消火器で消したので，大事に至らず，拡大損害がない事案では，製造物責任法上の救済は難しいことを指摘し，合わせて代替品の提供，メーカーの対応の不十分さに対する謝罪要求，製品の一般的改善要求に対する回答を求めていくといったクライアントのニーズを十分に聞き出し，それをひとつひとつ選択肢として位置づけながら，検討していくといったことが必要である。

③ またクライアントの目的に応じた選択肢を考えていくためには，弁護士がクライアントの問題や事件が起こっている具体的な文脈に精通していることが必要である。たとえば，特定の業界の事情を知っていると，その業界で実際にどのようなプラクティスがあり，何を具体的になし得るかがわかるので，選択肢を考えやすくなる。会社の顧問弁護士として受ける相談ではこうしたメリットが期待できよう。本来クライアントは，その分野のこうした問題については，弁護士より詳しく知っている場合もあり，選択肢をより考えやすいように思われるが，かえって身近なものは見えないことも多い。したがって弁護士自身が当該分野について情報が不足している場合には，クライアントから多くの情報を引き出して，選択肢を一緒に開発していくという姿勢が必要である。

〈例〉
クライアント「私が以前からテナントで入っているビルの家主に支払うべき賃料が抵当権をもっている銀行から差し押さえられて，さらに不動産競売を開始するとの通知もきてしまいました。敷金もたくさん預けているし，どうしたらいいのでしょうか？」
弁護士「銀行の抵当権の設定登記より後に家主から借りて引渡しを受けたのですか？」
クライアント「はい，そうです」
弁護士「そうですか。そうするとこのままだと競売で落とした人に敷金の承継を主張できないことになってしまいますね。何とか競売ではなく，任意に買手を見つけて売却する方法で，敷金関係の承継を認めてもらえるといいのですが……」
クライアント「たくさんビルを持っているオーナーなので，明日，テナントへ

の説明会があるようなのですが……」

弁護士「そうですか。もしよろしければ，私が代理人ということで参加して状況を聞いたり，意見を述べてきてもよいですが……」

▶*5* クライアント援助選択肢の分析確認

こうした方法によっても有効な選択肢が見つからない場合もあろう。この場合でも，クライアントを援助できる選択肢を諦めずにともに考える姿勢が必要である。

この場合の基本的な考え方は，クライアントの自由な会話の領域を開拓し，「新しい何か」が生じるように対話プロセスの発生を促進することである。その結果として，意外なアイディアがクライアントから語られることもある。この場合の弁護士の役割は会話のための空間を拡げること（「会話を開く」）に主眼がある。そのためにはナラティヴ・セラピーで言われるように，弁護士がクライアントを対象化して，相手に対して語るのではなく，相手とともに語るという姿勢が求められる。しかも，紛争についてともに考え，知恵を出し合うというスタンスが必要である。弁護士とクライアントが，「さあどうしましょうか」と語り合うというシチュエーションである。

この場合，弁護士は変化への期待や建設的なイメージをもてるような質問をして，「問題」として語られていることを再構成する。その目標は，とりあえず，小さくてシンプルで現実的に達成できるものであることの方が意味がある。「どんなふうになれば，楽だなと感じることができるでしょう」「どんなふうになったら今より少しでもいいと思いますか」……こうした一歩前進を目指す質問を試みることである。

先ほどの寄与分の例では，姉との相続分の割合という問題にこだわっている限りは，納得は得られず，クライアントによる問題構成と弁護士による問題構成は平行線のままであろう。他の具体的な問題解決の選択肢として，他の親族の精神的支援，新たな資産の発見，姉の姿勢の変化など，別の事情が生じ得るとすれば，そのような展開が開けることもある。それが難しければ，クライアント自身の考え方の変化を援助するという姿勢が必要となる。そこで，たとえば，問題は財産へのこだわりではなく，姉への気持ちの持ち方であることを出発点として，焦点化を図り，少しでも楽な状況になれる方法やものの見方を探

るといった展開を持つということが必要であり，相談過程ではそうした段階的な配慮が求められる。

　なお，こうした場合の手法のひとつとしてリフレイミング（Reframing）という技法がある。これは，クライアントの抱えている問題を肯定的に再定義するということである。クライアントの問題構成に対して，どんな出来事も見方や考え方が変われば，「意味」が変わるという考えを基盤としている。そして意味（＝枠組み）が変われば，自分および相手方の「反応」や「行動」も変わってくる。そのためには，枠組みを変えてもらう質問をすることになる。

　〈例〉
　クライアント「夫が拒否したら，どうして婚姻関係が破綻していないと離婚できないんですか？　夫のことを考えると，仕事をしていても，とっても気持ちが沈みがちで，すっきりしないのです。」
　① 「破綻していないとダメというのは，他の人もみんなそうですよ。」（**一般化**）
　② 「気分が少しは良いのはどういうときですか？」（**例外探し**）
　③ 「とりあえず別居とか，できるところからやっていきませんか？」（**目標を変える質問**）
　④ 「沈みがちな気持ちはよくわかりますよ。でも仮に離婚した場合の現実の生活はどのように経済的に成り立たせていきますか？」（**現実との直面化**）

　このように，いくつもの「ものの見方」が可能であるが，実際どの見方がクライアントに受け入れられるかは（納得してくれるか）は，結局その人の価値観にそったものが理解を得られることになる。弁護士としては，この点に関心を寄せて様々な可能性を開く質問を考えてみる必要がある。

　こうした相談スタイルは，仮に何も具体的な選択肢を生み出せずに終わったとしても，ともに考え合ったという経験・関係の中でのクライアントの自律性の回復への兆しを開いていく方向性を探ることが可能となる。そして，弁護士の態度としては，なし得る限界があることを十分に認識しておくことが必要であるが，クライアントの支援のあり方として，そのような関わり方に新しい意義を見出すことで，弁護士の関与のひとつの姿になりうる。

　たとえば，医療過誤事件で法的には損害賠償請求は難しそうであるが，身体の変調が続いている場合に，「法的には無理だ」という結論と理由を述べても

クライアントには納得できないであろう。この場合に，「訴えたい」というクライアントのニーズは，身体の変調と相まって，悲しみ・つらさ・憎しみなど様々な感情を引き起こし，それが相手方に対して向かっている。

　訴訟という選択が可能であれば，そこにとりあえず，ひとつの方向性が開けるが，法的にはたとえば立証困難であれば選択肢として成り立たないし，仮に訴訟提起ができたとしても損害賠償請求で身体の変調が戻るわけではない。

　こうした場合も，まずは傾聴して話をじっくりと聞き，クライアントがこだわっている物語を十分に捉える。そのうえで，感情や非難というところから少しずつ視点を変えて，「問題のある手術後の腕について一緒に考えませんか」というように，問題を外在化させていく。手術後の腕の変調を治すにはどうしたらよいか，別の専門医の診断は受けられないかどうか，相手方の協力は得られないか，そのための方法——たとえば医療ADR——といったことは考えられないか，など相手方を視野に入れつつ，こだわりの位置を別の方向にシフトさせていく方法を考えてみる。ナラティヴ・セラピーではオルタナティヴ・ストーリーを練り上げるということで説明される手法であるが，ケースによっては弁護士面談でも利用可能と思われる。ひとつの想いにはまり込んでしまっているクライアントに視野を広げてもらい，別の角度から問題について一緒に考えていく姿勢を持ち続けることは，膠着状態の打開策として有用な方法である。別の現実を協働で構成してみようと考えるわけである。

　このようなリ・ストーリング（ストーリーの書換え）は，弁護士を含めた関係者の視点の多声性に注意を払いながら，一連のストーリーの中の出来事をクライアントと弁護士が一緒に再構成していく過程としてまとめられる。

　こうした展開では，場合によって医師や臨床心理士などとの連携も求められるであろうし，様々な選択肢を考えるについては周辺の専門領域の情報を確認する必要も出てくる。

▶6　選択肢の開発スキル

　上記のような検討を前提として，法律的選択肢以外の開発スキルを，ここでまとめておくと，次のようなものが考えられる。

①　クライアントのニーズの延長線上で考える。

②　クライアントのこだわりを別の視点で捉え直してみる。

③　法律的ではないが，クライアントにとって納得・満足・不満の軽減につ

ながる方策を考える。

④　交渉・ADRといったプロセスやその果たす役割に期待する。

⑤　クライアント自身の知識・経験を利用する。

⑥　第三者の手を借りて選択肢を探す。

⑦　暫定的な提案をする。

⑧　クライアントに相手方，第三者の視点に立って考えてもらう。

⑨　クライアントの問題を外在化する。

⑩　タイミングをねらう。

⑪　代償的な満足が得られる方法を考える。

⑫　「選択のパラドックス」を考えて選択肢を増やし過ぎないようにする。

▶*7*　選択肢を検討する

多様な選択肢を提示できたとして，次にその採否を検討する必要がある。これは意思決定の前提作業として必要になるところである。

【1】　検討のプロセス

選択肢の通常の具体的な検討プロセスは次のようになろう。

①　各選択肢ごとに検討し，あちらこちらをつまみ食いしないのが原則として望ましい。

②　どの選択肢から検討するかをクライアントに決めてもらう。クライアントの問題構成に対応する選択肢が通常はまず選ばれるであろう。

③　弁護士側で，それぞれの選択肢を選んだ場合の予測や利点，欠点を述べる。

④　クライアントにそれぞれの利点，欠点を考えてもらう。

⑤　③④を踏まえ両者でよく話し合う。

⑥　選択肢を決定する。

この場合，実現不能あるいは法律上成立の難しい選択肢は，次のステップにいく前に除外される（ただし，よく話を聴き，意思決定としてとり得ないことの十分な説明を行うことが重要である）。また検討の結果，選択しないことにする場合もある。

しかし選択肢の検討が，いつもこのような順序になるわけではなく，クライアントの性格・問題の性質などの要因によっては，弁護士の方である程度積極的に選択肢の検討過程をリードしていかざるを得ない場合も出てこよう。

むしろ弁護士側の思考過程としては，ウエイトの置き方の違いから，次のよ

うな検討プロセスを実際にはとろうとすることが多いであろう。しかし，このような検討過程は，クライアントによる問題構成や選択肢の開発がどうしてもおろそかになりがちであるという基本的認識をしっかり持っておくことが必要である。したがって，前述の原則的な方法で，まずは行ってみて，うまくいかないときの次善の策と考えておく必要があろう。

① 法的にどのような請求が可能か，すなわち考えられる法的構成とそれによる請求権の発生要件や阻害・消滅要件の検討。

② 証拠上，そのような請求を基礎づける事実が存在すると言えるか。

③ ①，②の結果として，現実的に可能な法律的選択肢は何か。

④ そのような法律的選択肢以外に可能な現実的な選択肢としてどのようなものがあるか。

⑤ クライアントにとって，他の行政的手段その他事実上のものを含め弁護士が援助できる選択肢にはどのようなものがあるか。

⑥ ①〜⑤を検討するのに，さらに必要な情報は何か。

⑦ ①〜⑥を前提として，紛争解決手段の進め方として，どのような手段が考えられるか（交渉，ADR，訴訟）。

いずれにしても弁護士から見ると，現実的にこのような検討の結果，意思決定の前提として考えられる方向は，次のようにいくつかにしぼられてこよう。

① 法的（実体的・手続的）な選択肢が複数ある場合

② 現実的に可能な選択肢が他にある場合

③ 具体的にとり得る可能な選択肢がすぐには考えにくい場合

【2】 クライアントの選択肢が不適切と考えられる場合

クライアントが提示する選択肢に法的な問題があったり，あるいはすぐに実行に移せるものでないとう場合の取扱いである。

これはクライアントの目的を自分なりに反映させた結果であることが多いので，目的自体は十分理解していると共感しながら，手段の点で問題があることを理由を付して説明しながら共に解決案を探るように提案するのがよい。

たとえば，貸主であるクライアントがアパートの1室の明渡訴訟で勝訴判決を得たが，借主がもう居住していないようなので，勝手に鍵を開けて，中の荷物を処分してしまってよいかと相談にきたような場合である。

【3】 予想される影響・結果をはっきりさせる

このように，選択肢の検討プロセスの中心的課題は，①クライアントが法律

外の影響・結果について理解するための手助けをすること，②弁護士側で予想する法律上の影響・結果をはっきりさせることにある。

【問題―選択肢の開発スキルプレイ】

　田中孝一さんは知人の今井和夫さんに3年前20万円を貸していたところ，なかなか返してくれないと言って，その返済を求めて相談に訪れた。貸借の際に作成した借用書を紛失しており，今井さんは返すとは言うものの一向に返す気配はない。借りる時には，どうしてもお金が必要なのでと言って借りておきながら誠意がまったくないことに強く憤りを感じている。どのように選択肢を開発していくか。

§4 意思決定

▶1　はじめに

　法律相談のプロセスに，それ自体の目標があるとすると，クライアントが何らかの意思決定をすることを援助するということにあろう。

　もちろん，何が問題かが明確にわかっていない段階から相談が始まり，話を聴くことを通じて問題がしだいに見えてくる。しかも弁護士からの助言や情報提供によって，それが法的にはどのような問題から構成され，どのような見通しが立てられるのか，またクライアントのニーズを踏まえた現実的，具体的な選択肢としてどのような方法が存するのかが理解できたところで，はじめて意思決定という段階に至る。以下ではこの意思決定に至るプロセスを，その前の選択肢の開発という問題との関連を踏まえて考えてみよう。

　まず意思決定に関する基本理念は，クライアントに十分に考える機会を提供すること，そのためどの選択肢がクライアントに対して最大の満足を与える可能性が最も高いか，ということを十分把握してもらった上で意思決定がなされるべきことである。なぜならば，意思決定の結果を受け入れ，その後に生活していく立場にあるのはクライアント自身だからである。

　したがって，まずはクライアントに厚みのある情報提供をし，クライアントから意思決定の前提となる問題構成や選択肢の開発に関する必要な情報を十分に引き出しておくことが重要な意味を持つ。クライアント自身の目的によって，

何を選ぶかが変わってくるのであり，その点についてはていねいな検討がなされるべきである。

　クライアントとの複数の選択肢開発の結果，自ら適当な選択肢を選び出し，意思決定をし，しかも弁護士としてもその決定に異論がない場合は，あまり問題はない。意思決定された事項を実行していくという次のステップに移行することができるからである。もちろんこの場合も，限られた情報のもとでの，またその時点での暫定的な判断であることは，弁護士からクライアントに十分に説明しておく必要がある。

▶2　意思決定に関する弁護士としての基本的態度

　リーガル・カウンセリングの考え方によれば，最終的な意思決定は，これまで説明した法律相談のプロセスを十分踏まえたうえで，あくまでクライアント自身にしてもらうことが望ましい。選択肢の絞り込みは，当然に必要となるが，弁護士が「こうすべきだ」「これしかない」といった態度で一定の選択肢や意思決定を押しつけるのは相当でない。

　このようなスタンスに立ったうえで，弁護士として実際にどのような態度でクライアントの意思決定に関わればよいかがここでの課題である。

　意思決定そのものが，瞬時に可能な性格のものではなく，一連のプロセスの中での出来事であって，クライアント自身の気持ちの中でいろいろと折り合いをつけ，行きつ戻りつしながら，気持ちが切り替わっていく，あるいは本当にそれでいいのかといった紆余曲折を経て，心に納まっていくという場合も多い。

　したがって，弁護士としては，そうしたクライアントの状況を見ながら，沈黙を大切にし，あるいは，継続相談を行うなどして，時間をかけてフォローしていくことも手続的な配慮として必要となる。

　もちろん選択肢が複数ある場合にどちらの方が，クライアントの気持ちや利益に合致するか，あるいは利害関係者の関係調整として妥当な考え方なのかを，ある程度客観的に比較できる場合もあるが，それは個人的価値観の問題であることも多い。そうした場合に，弁護士が，自分の主観的判断で，たとえば「こちらの方がいいと思いますよ。他のことはあまり気にする必要はないですよ」と言ってみても始まらない。気にするかしないかは本人の問題であり，弁護士ができるのは比較できる材料についての情報提供までである。

　弁護士は，法的な側面については，専門情報を持っていても，あるいは同種

事例についての経験を語ることはできても，最終的に意思決定をなし得るのはクライアント本人である。弁護士が非法的領域に関わるとしても，自らの専門性が機能しない領域であることを自覚しつつ，できるだけ謙抑的な態度によるべきである。その結果について弁護士は専門家として責任を負うことはできないからである。

ここで弁護士に求められるのは，「さあ，どうしましょうか」というスタンスであり，「こうなります。こうすべきだ」というような形で議論を展開することは望ましくない。

弁護士の意思決定における基本的役割は，法領域では，法情報や意見を提示することであり，法以外の領域では，あくまで様々な選択の素地を提供することにある。

もちろん問題の性質によって，弁護士の意思決定への関与度合も変わってくると考えられる。クライアントにとっては，弁護士のコミットが少なすぎれば，関与の度合が低い，頼りないと言われ，反対に言いすぎれば，話を聞かず押しつけられたということになろう。実際には，このあたりの調整がひとつの重要な課題となる。

法律相談の実相からすると，基本的には弁護士の意見を聞いて，後は自分で解決していこうという人も割合的には多いと思われる。このような場合，弁護士の意見は，重要ではあるが，あくまでも参考意見に留まっているのが実情であろう。

〈例〉

弁護士「これまで，家主さんから求められている立退きについて明け渡す義務があるかどうかについての法的な見通し，それからあなたから出て自分の家を作業場にするという代替案とその場合の問題点について説明してきましたが，あなたとしては，最終的にどういう方法を選択されるお考えでしょうか？」

クライアント「はい，今までの説明はよくわかりました。訴訟になった場合のリスクや，今のところで作業場を続けることも，建物自体がかなり老朽化しているし，いつまでも続けられるわけではないと思います。相手方から提示されている立退料の増額をもう少し交渉して，自分の家の改築費用にあてて，そちらで仕事を続けていこうと思います。」

▶3 クライアントが弁護士に意見を求めた場合

① 基本的態度

「先生はどうすべきだと思いますか。」

これまで述べたように，クライアントに基本的に意思決定を委ねるという考え方からすれば，クライアントからこのような質問が発せられることは必然的に多くなる。この場合，弁護士がこうすべきだと言い切ったり，反対にどうすべきかは，あなたが決める問題なので答えられないというのでは，相互作用としての相談にはならない。また客観的情報を単に提供すれば済むというほどに法律相談は単純な問題ではない。

しかし，少なくとも，意思決定過程の最初の段階で，クライアントが意見を求めてきた場合は，通常は，まずはクライアント自身に考えてもらう機会を作り，十分に検討してもらってから弁護士自身の意見を述べる方が適切である。この場合は，「あなたのお考えを一通りお聞きしてから，私の考えを述べるつもりです。」と共感的に説明するのが望ましいと思われる。

しかも，実際にこのような質問がなされる場合には，意思決定に両方の選択があり得て，どちらが正しい選択だとは一概に言いにくいケースも多いと考えられる。また，限られた情報と変化していく状況の中で，クライアントにとってより望ましい決定をすることが第三者的にも，そもそも難しいという場合もあろう。

したがって，基本的には，それぞれの選択肢の利害得失を述べて，そのどれに価値を置くかは個人の考えや判断によって異なると述べる（「論理的帰結の技法」の使用）にまずは留めることになろう。

② クライアントの価値観に基づいて意見を述べる

しかしクライアントがそれでも自分なりに検討し，意見を述べた後，弁護士に意見を求めてくる展開になった場合には，クライアントの価値観を前提とし，弁護士としてひとつの解釈を示してみることは十分に可能であり，重要な意味がある。

この場合の意思決定における弁護士が関わるスタンスとしては，迷っているクライアントに対して現実的な見地からクライアントの見えている世界にアプローチするということが挙げられよう。もちろん，この場合に弁護士に見えている世界も，自らの同種事例での経験などからする制約付きのものであって，妥当な意思決定であるという保障はないのであり，そうした視点を組み入れた，

あくまでクライアントとの話し合いの中で，徐々に意思決定へと導かれていくというのが実態に近い。

　この場合でも，それは参考としてのひとつの意見や，見方に過ぎず，これと異なる意思決定をすることは自由であることを付け加えることが必要である。

〈例〉
　　クライアント「私は，やはりこの際，今のところは立ち退いて，自分の家で作
　　　業場を続けようと思いますが，先生はどう思いますか？」
　　弁護士「そうですね。あなたにとっても，訴訟にはリスクがあるし，立退料を
　　　もう少し増額してもらって，ご自分の家で作業場をやるというのは，お聞き
　　　したあなたのお考えからは，現実的な選択だと私も思いますよ。」

③　弁護士の個人的信条や価値観の扱い
「先生が私の立場だったらどうしますか。」
　クライアントによっては，弁護士の個人的価値観を直接聞いてくるケースもある。

　そもそも相談のプロセスにおいて，弁護士の個人的信条や価値観を出してもよいか，出すのは好ましいものなのかという根本的な問題がある。最終的な意思決定段階で社会規範などを持ち出して，説得を試みるといったことをどう評価するかも同種の問題である。たとえば，人生相談的なケースでは，法律的にはあまり言うべきこともなく，せっかくわざわざ来てくれたのだからと，クライアントに自分の個人的価値観で意見を言って相談を終える，といったことは比較的多く行われていることであろう。

　しかし，基本的にはクライアント自身の意思決定を尊重するという考えからすると，あくまで弁護士の役割は意思決定を援助するという枠を踏み越えないように関わるのが相当であろう。多くの主張に耳を傾けることを通じて，個人が自らの価値を自ら決定するというのがここでの基本的スタンスである。

　そうすると，この質問が，弁護士自身の価値観や目的からすると，自分の問題としてならば，個人的にはどうするかを聞いていると理解してよいかを確認し，「自分ならば……」という価値観であることを断って意見を述べることである。こうすることで，クライアントがこの価値観に賛成するかどうかはクライアントの自由であり，クライアントは，あくまで自分自身の価値観と対比し

つつ，弁護士の意見を検討することができる。

　この場合に大切なことは，弁護士自身の職業経験からする客観的な情報（こういう場合は，こういう展開になることが多い）と個人的価値観ははっきりと区分して述べ，個人的価値観を専門家としての意見のように伝えてしまわないことである。

　また〈自己開示〉の技法を使って，「もし私だったら〜すると思いますよ」と，自分自身をクライアントの立場において，個人的見解を述べるというスタンスを明確にしておくことが望ましい。

> 〈例〉
> クライアント「もし，先生が私の立場だったら，100万円払って和解に応じますか？それとも判決をもらいますか？」
> 弁護士「それぞれの場合の今のあなたの状況を前提とした利害得失やこうした場合の慰謝料の相場についても，これまで説明しましたね。仕事を離れて，私個人だったらどうするかという質問と理解していいのですね。」
> クライアント「はい。」
> 弁護士「もし，私だったら和解に応じると思いますよ。いつまでも，そのことで後に引きずるのは嫌だし，まあお金は何とか作ってこの際すっきりした方がいいと思うかな？」

▶4　クライアントが意思決定できない場合

　クライアントがなかなか意思決定できないことも時々生じる。弁護士が選択肢についていろいろと説明し，その利害得失について話をしても，どうしても決めかねてしまうといった場合である。まずは，選択肢の数を減らしていき，「選択のパラドックス」が生じない工夫が求められるが，その先をどう考えるかである。

　これは，今後の事案展開についての成り行きが一義的でなく，どの道を選択したらどうなるという結論を見通すことが難しい場合が多いことに起因している。

　たとえば話し合いや和解を拒否して訴訟という道を選んだ場合，実際どのような結論になるかはやってみなければわからない。このことはクライアントについてだけでなく弁護士にとってもそうである。

こうした場合は，次のようなプロセスで事態を考えてみることが有用である。

（1）　意思決定できなくなってしまっている葛藤の状況・原因に焦点を当てる（焦点化）。すなわち，決めかねている状況について，もう一度自分自身でゆっくりと考えてもらう場を作るということである。

①　1つの選択肢に対して肯定的な感情と否定的な感情（評価）の両方を合わせ持っているという場合。

②　2つの選択肢に対して，いずれも否定的な感情（評価）を持っているという場合。

③　2つの選択肢に対して，いずれも肯定的な感情（評価）を持っているという場合。

①は，たとえば，「和解をすれば，ある程度まとまったお金が入ってくるが，筋を通さずいい加減な妥協をしたと思われてしまう」というような場合。

②は，たとえば，「和解に応ずれば，100万円すぐ払わなければいけないし，拒否して裁判になれば時間も費用もかかって，もっと多くの金額を払わされることになるかもしれない」というような場合。

③は，たとえば，「和解に応ずれば，100万円すぐ払ってもらえるが，拒否して裁判を起こせば時間や費用はかかるが，もっと多くの金額を払わせることができるかもしれない」というような場合。

このような場合は，いずれに価値を見出すかは個人差のあるものであり，葛藤の状況を具体化してクライアントが自ら選択をせざるを得ない問題であることをまず認識してもらい，そこから一緒に考えていく必要がある。とくに②の場合は，クライアントは両方とも選びたくないであろうが，その場合も選ばないこと自体が1つの選択で，結局は裁判などになってしまうことになることを付け加えることになろう。

また，実際的には意思決定に際し，とりあえず可能性の幅が広く残されている方を選択するという方法が現実的には考えられる。たとえば，和解に応じるか，拒否して訴訟を選択するかという場合，和解に応じれば，その結論を後で覆せないが，訴訟ならば，なお訴訟上の和解の可能性が残されているといった具合である。

（2）　もうひとつ意思決定できない理由として，いずれの現実も受け入れられないという場合がある。たとえば，問題構成や選択肢（とくにクライアント援助選択肢）の開発をいろいろと試みても権利性は否定され，また代替的な選択肢

も受け入れられないといった閉塞状況に陥ったケースである。この場合に残された，たとえば「諦める」という選択は，そもそも意思決定なのかという問題でもある。動かし難い現実をそう簡単には受け入れられない場合も実際には多いであろう。

この場合，必ずしも1回の相談で結論が出なければ，継続相談の形をとってゆっくり考え続ける場を作っていくのがひとつの方法である。

そうしたぎりぎりの局面での弁護士の役割は，時間的経過の中でクライアントの傍らにいることによってのみ，かろうじてその存在意義を見出し得ることになろう。

▶5　クライアントの結論に弁護士が賛成できない場合

①　クライアントが弁護士の伝えた法的情報を正確に理解できないとか，クライアントのニーズが強すぎて法的情報を受け付けない場合

たとえば，クライアントが離婚したいという想いが強く，自ら離婚を切り出して調停・訴訟を起こすという結論をクライアント自身が決めたとしても，自分が有責配偶者であり，また調停申立後の実際の生活について財産的な貯えが乏しいなど直ちに現実的行動に出ることにリスクをともなう場合には，なかなか本人の理解が得られないといった場合である。

このような場合には，行動に伴う具体的な問題点をていねいに指摘し，クライアントに様々な情報を提供して一緒に考える姿勢で話しをする。それでも考えが変わらなければ，弁護士としては，相談を終えたり，自らその案件を受任しないとするしかない。

しかし，この場合でも簡単に諦めず，クライアントに，もう少し考えてもらう機会を作り，過去から現在についての資料の整理・メモの作成あるいは今後の生活設計の作成を求めて，継続相談の利用を検討することも考えられる。これはクライアントに徐々に現実検討能力を持ってもらうためである。実際に，別居後や離婚後の生活設計などを具体的に考えてもらって，自分で生活していけるかどうかの見通しを立ててもらうわけである。

②　法的に違法あるいは倫理的に問題のある場合

たとえば，ⓐ賃料不払いのままどこかへいなくなってしまった賃借人がいたとして，家主が合鍵で中に入って荷物を整理してしまいたいとか，ⓑ弁護士の名で内容証明を書いてもらいたいが，もっぱら相手方を威嚇するのが目的であ

ることが明らかであるとか，ⓒ債権回収についての非弁提携を求めてくるといったような場合がある。

　弁護士の社会的な役割として，クライアントが違法なことをしようとしたり，倫理的に相当でないことをしようとする場合には，はっきりとそのことを指摘し，かかる行為がなぜ妥当でないのか，どういう結果をもたらす恐れがあるかをていねいに説明して，やめてもらうような指示や助言をするということになる。その指示や助言に従うかどうかは，最終的にはクライアントが決めるものであるとしても，弁護士の社会的責任と真にクライアントに自律的な意思決定をしてもらうという両方の観点から，これは不可欠な態度である。

> 【問題—意思決定スキルプレイ】
> 　離婚について合意している青井信一，恵子夫婦間で，子どもである雄太君（7歳）の養育費の支払方法について恵子から法律相談があった。信一は，養育費について一括か子どもが20歳になるまでの分割のいずれかの提示をしてきている。恵子としては，どちらかと言えば，一括で養育費を払ってもらい，信一と縁を切りたいと考えている。どちらの方がいいかという意思決定のロールプレイをしてみてください。

§5　企業法務系の法律相談の場合——取引問題についての法律相談

　取引問題についての法律相談は，個人をクライアントとする通常の法律相談と異なって，感情問題よりは経済合理性を中心とし，もともと金銭的解決の可能なものが多い。また，クライアント自身が問題整理能力や当該分野の専門的知識を有していることが多い。

　そこでは法律問題を中心に，営業問題が同時に問題となることが多く，これと関連して選択肢の開発や意思決定が行われるが，この場合には会社の利益に基づく政策的判断が含まれるといった特徴を帯びている。弁護士としては，取引問題固有のこうした性格に十分留意して，相談に当たることが必要である。

　また，クライアントが企業であることによる特有の問題としては，実際に相談に訪れる者が現場担当者であったり上司であったり，営業部門であったり管

理（法務）部門であったりと，その立場によって問題に対するスタンスや意識が異なることが挙げられる。弁護士は，こうした錯綜した状況の中で，慎重さのあまり，リスクのある取引について，取引の「潰し屋」の異名を与えられることがあるのもそのゆえである。

いずれにしても，企業をクライアントとする法律相談では，社内での検討結果のお墨付きをもらいに来るケースや弁護士が社員のリスクヘッジ先のひとつであったりすることもあるので，継続的な関係の中で個別にその信頼関係のあり方を検討し，またその企業や業務分野についての知識を豊富にして営業問題を含む法律問題についての意思決定に際して誤った判断をしないように心がける必要がある。

第**6**章

面談の終了

§**1**＿ 面談の終了段階への移行

　弁護士面談において，面談の終わり方をどのようにするかがひとつの課題として存在する。弁護士会での一般法律相談のように制度的に予め30分というように明確に時間を設定されていたり，次の来客などの関係で１時間と最初に明示してあって，はっきりと時間が区切られている場合には，その枠内で面談を組み立て，終了を告げることになる。

　しかし，法律事務所での初回面談などにおいては，はっきりとした時間を予め決めずにスタートし，推移していくことも多いのが現実であろう。

　こうした場合に，いまだ中途半端な段階や一通りのやりとりは済んで関連した話に移ったところで，不意に終了段階に移ろうとするとクライアントが混乱したり，弁護士に拒絶されたと感じることもある。そこで相談の終え方自体に工夫が求められている。穏やかで急がず，クライアントに関心を向けつつ，自然な形で巧みに終わりの段階に移ることが肝要である。

　そこで，唐突に終わらせないため，終了時間が迫ってきた場合には，次のような言い方をすることが考えられる。

> 〈例〉
> 弁護士「私にこれまで話をした以上に考えていることが，あなたにはまだあることでしょう。でも，後は残された時間を，今日お話し合ったことを振り返るために，そしてこれからどうするかを相談することに使いたいと思いますがいかがでしょうか。」

§2 __ 終わり方の基本

　弁護士の視点からすると，面談の終了でポイントになるのは，どのような結論の終わり方をするかということである。具体的には，１回の相談で終わるか，次回に継続的な相談を試みるか，事件受任をするか，のいずれかという振り分けの仕方と，それぞれの場合の相談の終わり方の違いをどのように考えるかという問題である。

　そのいずれになるかは，相談が進んでみないとわからないことが多いし，この点はクライアント自身のニーズを踏まえて終了を図ることが必要である。したがって，相談終了時点で，どれを選択するかについては，弁護士自身の事案の内容や相談結果からする判断とクライアントの意見をつき合わせて，決める必要がある。

　交渉やADRは，通常なんらかの合意を目指して行われることが多いが，法律相談自体は結論が開かれたもので，どのような終了の仕方をするか，どのように別の手続や各種専門家につないでいくかは様々な展開を示していく。

　そのいずれかによって具体的ニーズの把握や問題点の共有の仕方，必要な情報収集の仕方などにある程度相違が出てくるが，いずれにも共通に必要なことは次のことである。

　① 最終要約

　相談を終えるにあたって，弁護士側から，その日の相談の概要とこれに対するコメントをともに要約して伝える（「積極的要約」の技法）。

　② 質問・意見の機会提供

　クライアントは，最後まで質問しにくかったり，あるいは意見を言うべきかどうか迷っていたりすることがある。そうした場合に備えて，終了する前に「ほかに何かありますか」という問いを発して，クライアントに質問・意見の機会を提供しておくことが望ましい。

§**3** ＿1回の相談で終了する場合

　1回の相談で終了する場合のやり方がもっとも難しいといえる。それまでの相談過程を踏まえた総合的結論が示される時だからである。とくにクライアントのニーズとは異なって法的保護が困難であり，希望が必ずしもかなえられないといった場合にはなおさらである。

　このような場合は，すでに述べたように問題構成や選択肢の開発の際に，法的保護の限界のていねいな説明や代替的な選択肢の開発に努力をすることが基本的スタンスであるが，それでも様々な想いが残るのが通常であろう。

　したがって，終了ということで，クライアントが突き放された気持ちになるのも当然であり，その点への配慮が必要である。ここでは再び当初の聴くという姿勢に戻るのが原則であり，その段階ではもはや聴くことしかできないことも多い。そのために，最後に再び聴く時間を作る工夫が必要である。

　1回的な相談の場合には，一期一会，出会いと別れのときの両方を，短い相談時間の中で弁護士が経験することの自覚が必要である。そして，これから1人で問題に立ち向かっていくクライアントにどのような眼差しを向けて送り出すかは，相談の最後に弁護士に突き付けられる課題である。とくにその際に求められるのは次の事項である。

　①　今後の展開の可能性と指針の明確化

　クライアントにとって相談後，実際にどのような行動をとったらいいか，そのイメージを共有化しておくとよい。また，違法な行為や法的に問題となる行為などが起こらないように，その留意点・注意点を説明しておくことも必要である。

　②　関係強化メッセージ

「また何かあればいつでも連絡してください。」

　継続相談の場が開かれていることは，クライアント自身が自ら問題解決にあたり，再び疑問や問題が起こったときに，いつでもコンタクトできる場所が存在することで，実際に再び何か言ってくるかは別として，安心感を与えることができる。その意味で相談を「終わり」でなく「続く」という感じで終了させる工夫をするとよい。

なお，法律相談を行った場合に，事件として受任するほどではないが，簡単な書面が必要となって，クライアントから文案作成を求められることがある。また関係官庁への電話での問い合わせなど，弁護士が自分で行った方が，話が早く進んで，理解が得やすいこともある。こうした場合は，できるだけ法律相談の一環としてサービスを提供することが期待される。

　次の継続相談についても言えるが，リーガル・カウンセリングの考え方からすると，法律相談と事件受任の狭間で，こうした中間領域の拡充を合わせて図ることがクライアントのニーズに応え，自律的な紛争解決を図っていくためには必要である。

§4　継続的な相談を前提とする場合

　弁護士にとって，法律相談は，顧問先の場合は別として，法律相談だけで終わるか，事件として受任するかの二者択一であることが多く，その中間の形態，すなわち継続的な法律相談によってクライアント自身が，そのときどきにアドバイスを受けて自ら事件の解決を図るというスタイルはあまり多くはないであろう。例外的に継続相談が利用されるのは，クライアントが持参した資料が十分でない場合や弁護士が法律問題の調査・検討を行う必要がある場合が多い。

　しかし，クライアントの自律性を尊重する相談のあり方からは，1回で結論を出すということより，じっくりと時間をかけて考えてもらう機会を継続的に設けることが有用なことも多い。あるいは，クライアント自身が問題に取り組みながら，事態の進展に即して，相談を続けて受けることが意味を持つケースもある。

　以下では継続相談固有の問題を取り上げよう。

【1】　今後の展開の明確化

　面談を終えるにあたって，これからどうするのかをはっきりさせておき，中途半端な終わり方をしないことが大切である。たとえば，次回までに，①弁護士の側でやるべきことを明らかにする，②クライアントの側でやるべきことを明らかにする，③これから検討していくべき課題や展開の見通しをはっきり双方で確認し合うこと，などが大切である。

【2】　次回期日の持ち方

① クライアント側の事情とその変化

クライアントにその時までにやってきてもらう事項があった場合には，その結果に基づいて話を続けることが多い。なお，この場合，その間にクライアントに心境の変化や客観的状況の変化がないかの確認から入る必要がある。

継続相談のひとつのねらいは，時間を空けることで，もう一度クライアントに前回の相談を踏まえて再度考え直す機会を作ってもらうことにある。実際の相談でも，この間に考え方が変わっていること，あるいは新しい展開や情報が語られることが意外と多いものである。

② 弁護士側の事情とその変化

弁護士自身にとっても，初回面談を振り返って聞き足りなかったこと，言い足りなかったこと，あるいは問題構成や選択肢の開発について再考する機会にもなる。その結果，前回の面談を部分的に深めたり，あるいは軌道修正をする必要が出てくることもある。面談はクライアントと弁護士の協働作業であるとすると，こうした点からも継続相談の意義を考えることが有用である。

§5 ＿ 事件受任を前提とする場合──事件を受任するかどうかの判断

事件受任をする場合には，さらに細かい事実関係の確認や調査が引き続き必要なので，そのための準備作業が必要である。

法律相談においては，相談だけで終わるか，事件として受任するかどうかが，やはり弁護士にとってもクライアントにとっても重要なポイントとなる。法律相談はすでに述べたように，これまで事件を受任するかどうかの振り分けとして位置づけられていた。そのため時間が短かったり，無償で実施したりということもあったと考えられる。

しかし，委任契約の意味もリーガル・カウンセリングの考え方からすると少し異なった位置づけが求められる。すなわち，受任後も，弁護士に任せきりにせず，クライアントは弁護士と協力し，できるだけ一緒に問題解決に向けて取り組んでいく姿勢である。

この場合委任契約の成否は，クライアントと弁護士の次のような双方の事情が影響し，これがうまく合致しないと契約締結には至らない。

① 経済合理性の観点

まず弁護士に依頼して事件をやってもらうだけの経済合理性，すなわち費用対効果が期待できるかという点が挙げられる。原告（請求する）側の場合は，事件の見通しとの関係で勝算を含めて十分に検討する必要がある。これに対し，訴訟事件の被告側のような場合には，弁護士を依頼して受けて立たざるを得ないことが多いと思われる。

② 信頼関係の程度との関係

法律相談における信頼関係と受任事件における信頼関係とでは，少しその内容が異なっている。前者は原則として1回的な相談過程でクライアントのニーズをはっきりさせつつ意見を述べ，ともに考えるという性格に留まっている。これに対し後者は，その手続全体を通して，ある程度の期間に渡って，様々に連携を図りながら意見交換を進めていくため，より強固で深い信頼関係が必要であり，そうした関係が持続的に築けない事案では受任は控えざるを得ない場合も出てくる。

§6 ＿ 面談後の作業

▶1 面談の記録

【1】 メモのとり方，録音テープの活用

面談終了後にメモを作るかどうかという問題がある。弁護士会などの法律相談では，相談カードへ終了後に相談の概要を記載することになっているが，それ以外の相談ではどのように考えるべきだろうか。

少なくとも弁護士が相談中に記載したメモは保存しておく必要があるし，継続相談になった場合には記録化しておく必要も出てくる。いずれにしても法律相談自体をひとつの事件としてカウントして管理しておくことは後日のためにも必要である。訴訟事件などとして受任した場合に打ち合わせごとのメモを作る必要があるのはこれとは別の問題である。

これに対して録音については難しい問題がある。一般的にメモ代わりに録音をとっても，もう一度聞く機会は思ったほどには多くはない。したがって，相談内容を保存しておく特別の必要（複雑な案件，争われる訴訟を前提としている案件，高齢・病気などで保存しておく意義の大きい案件など）がある場合以外には，録音をしておく必要はそれほどはないであろう。

また，もちろんクライアントの了解を得るにしても，録音を意識して固くなって自由にしゃべれなくなってしまう場合も出てくるので，そうしたことへの配慮も合わせて必要となる。

【2】　パソコンの利用

　また最近はパソコンを相談室に持ち込んで，相談中に相談内容を入力する弁護士も増えている。ブラインドタッチで下を見ないですむという面はあるが，音の問題やクライアントによっては，相談自体について機械的な印象を受ける人もいるので，クライアント毎のきめの細かい配慮が必要である。

▶2　コラボレーションの意義と必要

　法律相談の結果として，各種の専門家とのコラボレーションが必要と考えられるケースも増えている。たとえば，ギャンブル依存や買物依存で多額の借金を負って自己破産するといったケースでは，弁護士による現実的な法的対応以外に，自助グループなどによる依存症に対する心理的アプローチによって再び借金を繰り返す状態にならないようにする努力や，家族全体による支えが本来は合わせて求められる。

　もちろんこのような場合に，実際にそうしたことが可能かは，弁護士がどのようなネットワークを有しているか，これに基づきクライアントにどのような複合的なサービスを提供できるか，またクライアントがそのような提供を受け入れる素地を有しているかによって決まってくる。

　日本では医療機関以外での心理カウンセリングに保険制度の適用がないことや，精神的な問題を抱えていると思われたくないクライアントの心情も根強く，臨床心理士などへの紹介の方法がとりにくいのが現状である。

　しかし，この場合，弁護士が1人のクライアントが抱えている問題を法的問題に限定せずに関わることになると，自ずとどこかで自分自身の中で関与可能な問題かどうかの限界線を引いておかないと，対処困難な事態に陥ることがあるので注意が肝要である。

　なお，各種専門家と連携を図る場合にも，すでに述べたようにクライアントの視点という共通の基盤に立って，それぞれの専門性を活かしていく基本的スタンスが求められる。

▶*3* 手続連鎖

　相談・交渉・ADR・訴訟は，それぞれ連続した一連のプロセスであり，クライアントの視点から見れば，それぞれの手続に関与する弁護士が，手続ごとに異なった理念や考えで行動するのは理解できないことである。

　そこでは，弁護士もいずれの手続においても共通の基盤に立ってクライアントと関わり続けることが求められる。他面で，弁護士のスキルとして，それぞれの手続に身を置いた場合の振舞いの姿をイメージして，クライアントと関わる必要がある。

　特に，相談と受任を前提とした場合とそれ以外の場合とでは，弁護士の役割には異なった面があることは否定できない。相談以外では相手方との関係が存在し，弁護士は，相手方あるいは裁判所などの第三者との具体的対応結果を受けてクライアントに再び向き合っていく必要があるからである。したがって，複数関係者の間に立って党派性と中立性のバランスのあり方，情報量の豊富さ，手続の進捗度に応じた展開，事実認定のあり方など，それぞれ固有の問題を弁護士は抱えこんでいくことになる。

§*7* ＿ 相談のメディエーション（Mediation）的展開

　クライアントが複数で法律相談に訪れた時には，クライアント同士の間に別の利害対立が隠されているということがある。この場合には，法律相談と言いながら，実は両者間のメディエーション（Mediation，対話促進型調停）も合わせて行っていることになる。

　この場合に弁護士は，両者の間を調整しながら，合わせて解決策をともに探っていくことになる。その際には，クライアント相互のニーズを引き出し，2人の間に起こっている問題にも十分配慮することが求められる。

　この場合の弁護士の態度としては，最初から評価や価値判断を示しながら相談にのっていく評価型ではなく，関係調整の場としての意味があることを自覚し，クライアント自身の自律性を尊重しながら，相手の立場に気がついてもらうように両者間の話し合いを進めていく促進型あるいは変容型によるのがリーガル・カウンセリングの精神にも合致している。この場合，お互いの意見が一致したところで意思決定を図っていくことになる。弁護士の日常業務として，

メディエーションのスキルが必要な訳である。

〈評価型〉

弁護士「娘さんが，勧誘されて，その○○セミナーに申し込んでしまったことについて，お母さんはどのように思いますか？」

母「娘は，優柔不断で気持ちが弱いから，すぐにつけ込まれてしまうんです。いつも言っているのに……。何度言ってもわからないんだから……。」

弁護士「まあ，そう責めないで。娘さんは，申し込んだ後どうなるかわかんないようなセミナーに，なぜ申し込んでしまったのかしら？」

娘「勧誘してくれた人が，とても優しい人だから……。」

弁護士「それが手なのですよね。もう少し，強い気持ちになれるようになるにはどうしたらいいと思いますか？」

娘「……」

弁護士「あなたは，幸いまだ未成年だから，法的には契約を取り消せるからその旨の内容証明郵便を送ったらいいですよ。」

〈促進型・変容型〉

弁護士「娘さんが，勧誘されてその○○セミナーに申し込んでしまったことについて，お母さんはどのような気持ちでいらっしゃいますか？」

母「娘は，優柔不断で気持ちが弱いから，すぐにつけ込まれてしまうんです。いつも言っているのに……。何度言ってもわからないんだから……。」

弁護士「お母さんとしては，娘さんの気持ちが弱いことが問題だと思っていらっしゃるんですね。娘さんは，どういう気持ちで申し込んだのかな？」

娘「勧誘してくれた人が，とても優しい人だから……。」

弁護士「優しい人だったのね。どんなふうに優しかったのかな？」

娘「いろいろ世話してくれたり，相談にのってくれたり……町で声かけられて，一緒にお茶を飲んだり……私親しい友達あまりいないし，なんかセミナー受けると楽しいことがあるかもしれないなーと思ったし……。でも，申し込んだ後，何回も携帯に電話してきたりして，ちょっと怖くなった……。」

弁護士「ふーん，怖くなったわけだ。それはどういうことかな？」

娘「うーん。よくわかんないんだけど，何かしつこい感じがして。優しいというのはホントの気持ちじゃないのかなと思って。私は，お母さんの言うように，気持ちが弱いから……。でも，人に優しくするって大事なことだなと思う。」

> 弁護士「お母さんは，娘さんの『人に優しくする気持ち』っていうのはどう思いますか？」
> 母「心の優しい人であってはほしいなって思いますよ。今の娘の話だと，それだけではなくて，途中で怖くなって気がついたようだし……。」
> 弁護士「そういう気持ちの変化は理解できるということですね。」
> 母「はい，私ももう少し娘のいろいろな気持ちをわかってあげるようにしないと，とは思います。」
> 弁護士「娘さんとしては，今回のセミナーを申し込んでしまったことについてはどうしたいと思っているのですか？」
> 娘「はい，やっぱりなんか怖くなったから，やめて業者に借りて払ったお金は返してほしいと思います。」
> 弁護士「そうですか。あなたは，まだ未成年だから，契約は取り消せるので，内容証明郵便を出すことにしたらどうでしょうね。」

　この場面では，弁護士は，娘が問題と向き合い自分自身で問題を整理していくことを援助するとともに，母親に娘の視点に気がついてもらうという役割を担っている。

§8 ＿ 相談から受任へ

　弁護士が関わる場合のクライアントの意思決定の特質として，クライアントの様々な想いをどのようにして，現実的課題と向き合わせながら，現状を打開していくか，そこに弁護士としてどこまで関われるかという問題がある。

　弁護士の活動は，カウンセラーや医師と違ってカウンセリングルームや病院の中だけにとどまるのではなく，クライアントとの委任契約によって，代理人として法律事務所から外へ出て相手方や関係者に対して，自ら行動を起こしていくことも含まれている。

　それでは，委任契約は，どのような場合に締結されることになるのだろうか。法律相談の結果，相談者が弁護士へ事件の処理を委任したいと申し出る場合を想定しよう。

　この場合，クライアントとしては，直面している紛争を事案の内容や手続の専門性から自らの手で解決していけそうもない，あるいは心理的な負担をなく

したいといった動機から，弁護士費用の負担を覚悟してでも依頼したいという気持ちであろう。

　弁護士側としては，①受任に適した案件であるかどうか（紛争としての熟度，法的問題の有無・程度，利益相反の不存在の確認，費用対効果などのチェック），②信頼関係を構築できるかどうか（委任者の希望と弁護士の方針や見通しとの合致，報酬関係の合意），③どのような手続をとることで委任を受けるのか（交渉・調停・訴訟など），といった諸点を検討することになる。

　そして，この場合にはクライアントとの間で委任の趣旨と弁護士の見通しの合致を確保するということで，①委任によって何を期待しているのか，それをできるだけ具体化し，その目的の実現可能性について，弁護士の見通しを示すことによって，両者のギャップが生じないように配慮することが必要である，また，②様々な要望のうち，実現可能なものと困難なもの，達成に必要な条件をできるだけ具体的に明示すること，③弁護士が解決の見通しを示すには，一方の言い分に基づくもので，限定的なものであることを確認し，必要な時間や費用も合わせて説明すること，④弁護士任せにしないで，一緒に解決に取り組んでいってもらう必要のあることを説明する，などの諸点をクライアントによく理解してもらうことが必要である。

　同じ法律相談でも，受任するかどうかの判断の際には，たとえば，訴訟提起による主張立証に十分もちこたえるかどうかといった法律構成や証拠面での判断をより慎重に行わなければならない。そして，これは受任後における打ち合わせの際に引き続き重要な課題となる。

　このように法律相談のあり方も手続の進捗状況に応じて，それぞれの局面で，様々に変化を遂げていくものであることの認識は不可欠である。しかし，受任の前後を問わずどの局面でもリーガル・カウンセリングの考え方に基づいた相談のあり方を常に意識し続けることが重要である。

第7章
リーガル・カウンセリングと法専門職倫理

§1__ リーガル・カウンセリングにおける法専門職の倫理

▶1 法専門職倫理とは何か？

　法専門職倫理は、「法専門職」（ここでは弁護士と隣接法律職を指す）の職業を規律するルールである。「倫理」という言葉を聞くと、どうしても道徳のような、明確な答えが無いもののように受け止められるかもしれない。けれども、「法専門職倫理」といった場合には、これは明確に、その法専門職として職務を行う際に服するルールを意味する。弁護士でいえば、弁護士職務基本規程（平成16年11月10日会規第70号，以下「規程」という）がこれにあたる。規程は、日本弁護士連合会が、弁護士が職務を行うにあたり遵守すべき行為規範として会規として定めたものである。司法書士には日本書士会連合会の定める「司法書士倫理」があるし、行政書士には日本行政書士連合会の定める「行政書士倫理」がある。もっとも、弁護士が懲戒権を含む自治権を有するのに対して、その他の隣接法律職（ここでは、主に、司法書士、行政書士を念頭におく）には監督官庁が存在することや、規程が弁護士に対して法的拘束力を有するのに対してその他の隣接法律職の倫理は未だ宣明的な色彩が強いことなど、法専門職倫理の具体的な在り方については資格により様々な違いがあるが、ここでは深入りしない。重要なことは、法専門職にはその職務を行うにあたって遵守すべきルール――すなわち、法専門職倫理――がある、ということである。

▶2 リーガル・カウンセリングでなぜ法専門職倫理が問題になるのか

　では、リーガル・カウンセリング、とりわけ法律相談の文脈で、なぜ法専門職倫理が問題になるのか。それは端的に、弁護士に相談する場合であっても、司法書士に相談する場合であっても、クライアントは「その資格を持った法律

の専門家」に相談しに来ているからである。特定の資格保持者に要請される法専門職倫理を遵守して相談にあたることは，当該資格を有する法専門職として当然の義務である。良いリーガル・カウンセリングというものがあるとしたら，法専門職倫理の遵守は，その必要条件に含まれるものであり，これに様々なスキルやマインドを具備して初めて十分条件となるということができよう。

　また，相談の一番初期の段階では，クライアントとの間で事件の受任はしておらず，委任契約は締結していない。無料法律相談の場合には，その対価も受領しない。それでもなお，法専門職にはクライアントや社会に対して負う，職務上の義務がある。以下では，弁護士に適用される規程を例に，リーガル・カウンセリング，とりわけ法律相談で特に重要となる主要な法専門職倫理上の規律を簡単に説明する。

§2 ＿ 誠実義務

▶1　クライアントへの誠実義務

　規程5条は，弁護士の誠実義務を規定する。弁護士には，委任契約を締結していなくても，たとえ無料法律相談であったとしても，クライアントに対し誠実に対応する義務がある。具体的には，相談内容について弁護士として当然に知っているべき法情報を知得しておくことや，クライアントに対して適切な法的助言を行うことが含まれよう。他の章で述べられるリーガル・カウンセリングのスキルは，法専門職倫理の視点からは，クライアントに対する誠実義務に基づいて求められるスキルということができる。

　仮にそのままクライアントから事件を受任することになった場合には，規程29条の規律が適用される。弁護士は依頼者（クライアント）に対し，事件の見通し，処理の方法ならびに弁護士報酬および費用について適切な説明を行わなければならない。また，その際に依頼者に有利な結果となることを請け合ったり，依頼者の期待する結果が得られる見込みがないのにこれを装って受任したりすることも禁じられている（規程29条2項・3項）。

▶2　違法な助言を行わない義務

　弁護士が誠実義務を負うのはクライアントに対してだけではない。弁護士は，

弁護士法上社会正義の実現を使命としており（弁護士法1条1項），その職務を公正に行い，真実を尊重することが求められている。規程14条は，違法行為の助長を禁じており，クライアントに対する誠実義務があるからといって，違法もしくは不正な行為を行うための助言はできない。また，規程31条では不当な事件の受任も禁じられている。その意味では，相談においても，法専門職はクライアントに寄り添いつつ，合法・違法や公正・不正を見分け，どのような法的助言が適切であるかを判断するため，法専門職としてクライアントから常に独立していなければならない（規程20条）。

これは，他の隣接法律職においても，その資格が公益のために法律で設置されていることからして，同様である。いずれの法専門職にあっても公益性が内包されているのであり，クライアントの要求であっても違法な行為を助長するようなカウンセリングは行ってはならない。

§*3* __ 守秘義務

守秘義務は，法専門職のコア・ヴァリューと呼ばれる価値の一つであり，弁護士については弁護士法23条および規程23条において規定されている。前述した合法・違法の判断を行うためにも，弁護士は相談の段階において，クライアントからできるだけ多くの情報を把握する必要がある。法律相談の場でしばしば弁護士が口にする，「私たちには守秘義務が課せられていますので，どうか安心して何でも話してください」という言葉は，一義的には弁護士が適切なカウンセリングを行うために必要な情報をクライアントから得るために行う，クライアントに対する約束である。仮に弁護士がカウンセリングで得た情報を外に漏らしたりすれば，それはクライアントに多大な不利益を与える恐れがあるし，漏らした弁護士のみならず，弁護士全体に対する信頼を失墜させてしまう。その意味でも，守秘義務は弁護士の最も基本的な義務であり，その違反には，資格上の懲戒やクライアントからの民事上の責任追及のほか，弁護士の場合には刑法の秘密漏示罪（刑法134条1項）が定められている。

守秘義務が解除されるのは，ごく限定的な場合と考えて良い。規程23条では，「正当な理由なく，依頼者について職務上知り得た秘密を他に漏らし，又は利用してはならない」とあるが，ここにいう「正当な理由」とは，①依頼者の承

諾がある場合，②弁護士が民事・刑事事件の当事者になったり，懲戒手続に付されて自己の主張立証のために必要な場合，③公共の利益のために必要がある場合とされる（日本弁護士連合会弁護士倫理委員会編著『解説弁護士職務基本規程第3版』（2017年）61頁以下参照）。ただし，②や③のような場合であっても，クライアント情報の開示の範囲については，開示の必要性や相当性を慎重に検討する必要がある。

　守秘義務について理解するのは容易だが，今日の実務の文脈では，その遵守においては①事務職員等の教育，②パソコン等の情報管理が特に重要になる。しばしば，クライアント情報を有しているのは弁護士だけではなく，その仕事を補助する事務職員や，パソコン等のOA機器であったりする。クライアントは自分が法律相談に訪れたこと自体も秘密にしてほしい場合が多いであろう。ファースト・コンタクトの情報も含めて，クライアント情報について適切に管理し，ハッキング等の外部攻撃からも情報を守る措置を取っておくこと，クライアント情報を取り扱う事務職員等にも守秘義務の重要性を理解させ，業務上の情報管理（適切な方法での廃棄も含む）を徹底させることは，弁護士の守秘義務の遵守のために不可欠な対応である。規程19条も，弁護士の事務職員等に対する指導監督義務を規定している。

§**4**　利益相反回避義務

　法専門職がクライアントに対して，誠実に対応する義務，秘密を守る義務があることは上で述べた。例えば，あなたがAさんから，夫のBさんと離婚したい，という法律相談を受けたとしよう。この法律相談の段階で，あなたはAさんに対して，誠実に対応し，Aさんから開示された情報を外に漏らさない義務を負っている。仮にその後の法律相談で，Bさんが訪れてきて，Aさんとの離婚について相談をしてきたらどうしたら良いだろうか。Aさんから聞いた情報を漏らさずに，本当の意味でBさんに誠実に対応することはできるだろうか。Aさんはβさんが知らない，Aさんにとって不利な様々な事情をあなたに打ち明けているかもしれないし，Bさんに対する対応は実際にはかなり苦しいことになるだろう。これが，紛争性のある事件について，紛争当事者双方の支援を禁じる利益相反回避義務の本質である。法専門職は，対立する両当事者の支援を同

時に適切に行うことはできないし，仮にそのようなことが認められれば，クライアントに対する守秘義務の遵守はかなり危うくなり，また，そのようなことをする法専門職自体に対する信頼も失墜してしまう。そこで弁護士については，弁護士法25条と規程27条，28条がこれを規律しており，さらに利益の相反する弁護士と同じ共同事務所に所属する弁護士については57条，弁護士法人については63条が利益相反回避義務の拡張を規定している。

弁護士法25条と規程27条は，弁護士法25条が弁護士法人に対する規律を6号以下で定めていることを除いて，規定ぶりはほぼパラレルである。すなわち，①相手方の協議を受けて賛助し，またはその依頼を承諾した事件，②相手方の協議を受けた事件で，その協議の程度および方法が信頼関係に基づくと認められるもの，③受任している事件の相手方からの依頼による他の事件，④公務員として職務上取り扱った事件，⑤仲裁手続により仲裁人として取り扱った事件（規程では，仲裁以外のADRの手続実施者として取り扱った事件も含む）について，職務を行ってはならないとされる。③については受任している事件の依頼者が同意した場合はこの限りでないとされるが，残りの類型については，そのような但し書きも存在しない。相談の文脈では特に①，②が問題になるであろうが，これらについては，仮にクライアントが同意をしたとしても，対立する相手方について法律相談に応じたり，事件を受任したりすることはできない。つまり，上の例のAさんが同意しても，Bさんに対して法律相談に応じて法的助言を与えることは禁じられている。

さらに規程28条は，①相手方が配偶者，直系血族，兄弟姉妹または同居の親族である事件，②受任している他の事件の依頼者または継続的な法律事務の提供を約している者を相手方とする事件，③依頼者の利益と他の依頼者の利益が相反する事件，④依頼者の利益と自己の経済的利益が相反する事件について，職務を行ってはならないと定める（ただし，①と④については依頼者が同意した場合，②については依頼者および相手方が同意した場合，③については依頼者および他の依頼者のいずれもが同意した場合はこの限りでないとする）。これらは，弁護士と一定の人的または利害関係を有することや他の依頼者との利害関係を理由とする規律である。ただし，例えば過去の依頼者・顧問先などは規程28条では含まれておらず，弁護士が守秘義務や職務の公正さの確保との関係で対応に慎重になるべき範囲は，実際にはより広いと考えられる。

そこで，守秘義務における適切な情報管理の必要性と同じように，利益相反

回避義務についても，まずは上の例のように，Aさんから話を聞いた後に対立相手のBさんの話を聞くことを回避するシステム作りが重要になる。事務所のマネジメントの問題として，利益の相反する者を適切に把握できるようにしなければならない。いわゆる,「コンフリクト・チェック」のシステム作りである。特に，規程57条が，同じ共同事務所に所属する弁護士が規程27条・28条に定める利益相反により受任できない事件については，他の所属弁護士も原則として受任を禁じているので，共同事務所は事務所全体として，事務所に所属する弁護士の依頼者，対立当事者等を把握することが求められている。

　現実の場面では，すべての関係者まで把握できておらず，法律相談で話を聞いているうちに，利害の対立する人から既に相談を受けていることに気づいたり，相談者が受任している事件のクライアントと利害対立のある者であることに気づいたりすることもあるであろう。そのような場合の具体的な対応は事案ごとに異なるであろうが，利害対立の程度や内容，情報漏洩のリスクなどを勘案して，それ以上の法律相談を行わない，あるいは速やかに辞任するなどの適切な行動をとらなければならない。重要なことは，そのような行動をとることが，クライアントに対する誠実義務に違反することにならないか，クライアントから開示された秘密を漏洩する恐れがないか，法専門職全体に対する信頼を損なうことにならないかを念頭に置いて，適切な対応をとることであろう。

§5　非弁提携・非弁行為の禁止

▶1　非弁提携の禁止

　弁護士法72条から74条は，弁護士でない者による法律事務の取扱いを禁じている（非弁行為の禁止）が，27条は弁護士がこれらの者から事件の周旋を受け，またはこれらの者に自己の名義を利用させる行為を禁じている（非弁提携の禁止）。弁護士が非弁提携行為を行った場合には，2年以下の懲役または300万円以下の罰金に処せられる（弁護士法77条1号）。例えば，クライアント獲得のための試みとして，弁護士でない友人とタッグを組み，相談の荒ごなしをその友人が行い，実際に受任できそうな事案について弁護士がカウンセリングに応じるといったビジネス・スキームは，この非弁提携の禁止に抵触する行為であり，行ってはならない。当たり前の話だが，非弁護士は，弁護士でないから規程に

拘束されない。そのような者と提携して他人の法的問題を扱うことは，弁護士の独立性を損なわせてしまう恐れがあり，弁護士が法専門職として適切に対応することの妨げとなるリスクがあるからである。

また，弁護士は，クライアントの紹介を受けたことに対する謝礼その他の対価を支払うことも，規程13条で禁じられている。これは，クライアント紹介の対価を支払うことを認めると，結局非弁護士による事件の周旋を誘発しやすくなることや，そもそも弁護士が紹介者に支払う対価は，結局クライアントが弁護士に支払う報酬料の上乗せとしてクライアントに転嫁されることが考えられるためである。近年，このルールをよく理解せずに非弁護士と提携し，懲戒事件に発展する事例が散見されるので，注意が必要である。

▶**2**　隣接法律職が行う相談で留意すべきこと

弁護士以外の隣接法律職は，取り扱うことのできる法律問題について，それぞれの資格を規律する法律で規定されている。上に述べた通り弁護士法72条では非弁護士による法律事務の取扱いを禁じているが，「ただし，この法律又は他の法律に別段の定めがある場合は，この限りでない」と規定し，このような他の資格者による法律事務の取扱いが同条に違反しないことを明示している。もっとも，各法律で規定されている範囲を超えた法律事務を取り扱うことは，隣接法律職が行っても非弁行為となる。

ここで隣接法律職が行う相談で特に注意を要するのは，通常，クライアントは非弁行為の規律などは念頭になく，様々な相談をしてくることである。クライアントによっては，単に「法律の専門家」に相談しているという認識しか持たず，弁護士とそれ以外の隣接法律職の資格の違いも理解していないかもしれない。そのような状況において，隣接法律職が提供できる法的サービスとそれ以外を区別することは，当該隣接法律職以外にはなし得ない。弁護士法72条の規律を念頭に置いた法的相談を行い，クライアントの期待に法律上応えられないと判断した場合には，その旨をきちんと説明することも，隣接法律職が行う相談における重要な義務である。

第 **8** 章

難しいクライアント，困難な相談への対応

§1＿ 難しいクライアントへの対応

▶1　自分の主張を変えないクライアント

　自分が思い込んだことが真実で，それ以外一切聞く耳を持たないタイプ，あるいは自分の考えが正しいことのお墨付きをもらいに来るクライアントにはどのように対応したらいいだろうか。

　こうしたクライアントに対しても，まずはていねいに話を聞いて，信頼関係を築いていくことが初期の段階では必要である。自分の意見や考えを正しいと信じているとすれば，よく話を聞いてくれる人をまずは求めている筈だからである。

　弁護士側にとっても，そのクライアントのこだわりや論拠を知ることで次のアプローチへつなげることができる。

　その結果として，クライアントの語る内容が客観的事実関係や相手方の対応から，思い込みであったり，自らの正当性の確認を求めてきているものの，その主張は法的には成り立たないとか，前提の認識のズレがあることがわかることがある。

　このような場合の対応として，こだわっていることや主張の当否に焦点を合わせて話をしてしまうとかえってかたくなになって反発する結果を招くことが多い。したがって，むしろ同じ土俵で問題点を指摘して反論するのではなく，少し視点をずらせて，たとえばこだわりの背景を訊ねてみるなど異なった問題意識で疑問を投げかけたりして接することが有益である。

〈例〉
クライアント「スポーツ中の事故なら法的責任はないですよね。」
弁護士「そのようなことを，どこかでお聞きになられたことがあるのですか。」

クライアント「いや，2か所ほどで法律相談を受けたのですが，みんなはっきりしたことを言わないものだから……。」

弁護士「なるほど，それは他の弁護士さんはケースによるという趣旨で言ったのでしょうかね。」

クライアント「さあ，それはよくわかりませんが，とにかく私のケースは責任がないはずだから……。」

弁護士「私のケースというのを少し詳しく聞かせていただけますか？」

クライアント「(説明する)」

弁護士「良くわかりました。あなた自身が今一番気になることはどういうことですか？」

クライアント「相手方から何か言ってくるのではないかということです。」

弁護士「相手方にお見舞いとかに行っていないのですか？　事故後はどういうコンタクトを相手方ととっているのですか？」

クライアント「どんな状態か聞くのが恐ろしくて……。」

　こうした場合，クライアントの発言に押されて同調的な意見を言ってしまうと，賛成が得られたとこれを鵜呑みにして，意見に従って行動を起こしてしまったりするので，同調できない理由を整理して明確に述べることも必要となる。しかし，この場合も「感情の反映」の技法を使うなどして，感情面への配慮を行うことも合わせて必要である。このようにして自分に有利な意見が得られるまで弁護士めぐりをするクライアントも時々存在する。そこで時間をかけて，じっくり説明する必要があるが，考えが変わらない場合には，結論や理由を要約して説明して，相談を終了する。

▶2　意思決定のできないクライアント

　優柔不断な人，意思をはっきりさせないクライアント，弁護士に判断を全面的に委ねようとする相談者にはどのように対応したらよいだろうか。

　まず，意思決定できない理由について説明してもらって，悩んでいる原因を聞いてみる。これによってとりあえず，クライアントの思考過程を知ることができる。そのうえで，意思決定の障害となっている事項について，これを取り除く工夫ができないかを考えてもらう。その結果クライアントが精神的な問題を抱えていて自己決定そのものが難しいということが判明する場合もある。一般的には，それぞれの選択肢のメリット・デメリットとを挙げて，選択しやす

い状況を作り出し，クライアントしか意思決定できない領域であることを説明し，理解を求める。またこうした場合には，弁護士として客観的に妥当と思われる選択肢を示唆し，判断材料としてもらう必要も出てくる。

　また，1回の相談で無理に意思決定を迫るのではなく，継続相談を使って，次回までによく考えてきてもらうことも有用である。

▶3　妄想，幻覚，幻聴のあるクライアント

　クライアントの相談内容からして，事実とは考え難く，妄想，幻覚，幻聴が前提となっていると考えられる場合である。例えば，「隣人から盗聴されている」，「特定の集団に監視されている」といったケースである。

　弁護士は医療の専門家ではないので軽率な判断をなすべきではないが，統合失調症も疑われる場合である。本人は，それが妄想だとは分からず「事実」であると思い込んでいるので，否定や説得をしようとすると言い争いになったり，不信を招き関係性が悪化する。妄想への基本的対応は，否定も肯定もせずに，不安などの困っている気持ちに寄り添うことであるとされている。「そういう風に感じているのは，しんどいでしょうね。まずはゆっくり休めるようにしましょう」など安心感を与えつつも，気持ちに共感する態度が求められる。できることと，できないことがあることは，穏やかに伝え，現実的にできることについて話し合っていく。また，エンドレスに話しを聴きすぎることも本人の負担になり，妄想を広げ，症状悪化を招くことにもなりかねないので，時間を決めて時間内で終わることも必要である。

　こうしたケースは，本来治療へつなげていくことが望ましいが，1回的な相談の中で，無理に医療機関への受診を勧めたりすることは，病人扱いしていると反発を招きやすい。本人が「調子が悪い」と自覚している場合などには，それをきっかけに受診をすすめたりが可能な場合もあるが，もともと当該分野の専門職ではないという自覚をしっかり持って，現実的にできること，できないことのすみわけが重要である。

　また，相談の終わり方が難しい。できないことは，客観的事実と対比して説明したり，時間の都合を述べてソフトランディングを目指すことになる。

▶4　衝動的な言動・行動を繰り返すクライアント

　「DV夫の暴力から避難しては，DV夫のもとに帰ってしまうということを繰

り返す」,「不安から薬を大量摂取してしまう」,「怒りのあまり,相手方に攻撃的な連絡をし続ける」,「うつ的な気分が改善したように見えたが,一転して気が大きくなり,ギャンブルが止まらなくなり,気づかない間に多額の借金をしてしまった」等といった場合がある。

こうした場合の基本的な対応としては,行動を責めないことであるが,行動の線引きについて丁寧に説明することが求められる。また,衝動性によって被る不利益を具体的に述べていく。

このような行動や紛争の背景には,うつ病や双極性障害(躁うつ病)が存在していることも多いので,適切な治療との連携が求められる。

▶5 すぐに感情的になってしまうクライアント

クライアントの個人的性格によって,あるいは相隣関係,離婚,相続といった人格紛争型といった問題の性格によって,すぐに感情的になって,泣き出したり,怒り出したりする場合がある。

この場合も,基本的には傾聴の態度を維持し,共感を持って応答するのが基本的には効果的である。傷ついた気持ちや怒りを直ちに取り除くことはできないとしても,受容することにより少しずつおさまってくるのが一般である。少し冷静な状態に戻ってもらうために,沈黙を続けるのもよい。感情の反映などは,適度なところで止めておき,クライアントの感情に過度に巻き込まれずに静かに共感的理解を示すという態度が有効である。

また,それが本人の個人的な性格や固有の精神状態によるものか,直面している紛争の性格によるものかを見極めつつ,状況によって誰もがそういう状態になるという形で標準化をしてあげることで,本人の気持ちを軽くし,落ち着かせることもできよう。

そして感情がおさまったところで,弁護士側から事態を整理して説明し,現実的に援助できる事柄について伝えていく。

▶6 本当のことを言わないクライアント

クライアントが嘘をついている,あるいは大事なことを隠しているという場合である。自分の自己評価にとって脅威となるような情報や訴訟になった場合に不利となる情報,クライアントが無関係だと思い込んでいる情報など本当のことを言わない情報の形態は様々である。

クライアントが嘘を言うにはそれなりの動機，たとえばそれを言えば自分に不利になることがわかるという場合や自分の名誉に関わる，あるいは恥ずかしくて言えないという心理的要因などがあるからである。

　法律相談のプロセスをリーガル・カウンセリングという観点から捉え，訴訟の場のように事実認定をして真実を明らかにするものであるというように考えなければ，クライアントのそうした気持ちもあり得るひとつの心情で，そもそもそのような制約付きのものとして相談に対応するという考えもあろう。

　しかし，クライアントの話を聞いているうちに話に一貫性がなく，矛盾があるとか，大切なことを隠しているように感じるという状態は時々起こる。こうした場合に，相談結果を受けて後はクライアント自身で，相手方と交渉したり，訴訟になるような展開を想定すれば，弁護士としても真偽に無関心ではいられず，そのような問題点の認識や解明の必要に迫られる。

　この場合，弁護士の指摘の仕方としては，①弁護士側が認識できた事情を開示して，問題点を知っているものとして接することで，嘘の情報がそのまま通用する状況をなくしていく，②弁護士自身が同種事案で，相手方から指摘されて困ったことがあるといったほかでの経験を話すといった方法が考えられる。

　このようにして，問題の所在を指摘したあとで，クライアントに嘘の直面化をしてもらって，嘘をついたり，本当のことを言わないことが結果的に自分自身のためにならないことを理解してもらう手立てを講じる。

　〈例〉
　「どうも，全部を話すのが気が進まないように見えるのですが，何か気がかりなことでもあるようでしたらどのようなことでも言っていただいた方がよいと思いますよ。」

　また信頼関係を築くうえにおいては，はじめから先入観をもって関わらないことが大切である。したがって分野を絞った開かれた質問（「この点はどうなのでしょうか？」など）を用い，周辺から疑問点を確認していくことで，しだいに核心へアプローチしていくのが効果的である。

　また，「恥ずかしい」「罪の意識」などの阻害要因から本当のことを言わない場合には，自由に何でも喋ってよい場であることを理解してもらうように努め

ることが大切である。この場合には，正確な判断をするには，十分な情報が必要であることを説明する。

〈例〉
「私がもっとも力になれるのは，情報を全部話してくれる場合だけなんです。」

　それでも，疑問が残るときには，相談だけで終了する場合には，「お話をお聞きした限りでは……」というように，留保付き，限定的なものであることを合わせて強調して，さらに理解を求める。

▶7　過度に依存的なクライアント

　「お任せします」「自分ではよくわからないので」「全部やってほしい」など，最初から自分で判断したり，行動したりすることに消極的で，弁護士に何でもやってもらおうと思っているクライアントがいる。

　これは，事案の性質から自分自身であまり関わりたくないトラブルに巻き込まれてしまった場合によくみられる現象である。

　しかし，多くの場合，クライアントの心情としては，単に煩わしい状況から逃れたいと思っている場合が多く，主体的・積極的に任せようという気持ちがあるかどうかは疑問な場合もある。このような場合にはある程度，事案が展開していくと自分自身の方で行動することを希望したりすることが見られる。

　このように依存的なように見えて，実際のクライアントの気持ちはアンビバレントなものであって，そうした気持ちを理解しつつ，クライアントが自分自身で問題解決していける姿勢を持てるように援助するのが，ここでの弁護士の基本的役割である。

　この場合に注意しなければいけないのは，親切にし過ぎると依存され，期待に応えられないと「裏切られた」という認識に代わり，攻撃的に変わることがあるということである。あくまで適切な距離を保ち，できることできないことを明示し，過度な要求には応えない，毅然とした態度が求められる。

　ちなみに弁護士に向けた依存や攻撃に対する対応策としては，①複数弁護士での対応，②医師や臨床心理士，福祉など他の専門職との連携・援助を得る，③記録が残るように相談活動・代理人活動を行う（例－相談内容を書面で交付する。

打合せ内容，相談内容をメールで送付する），などが考えられる。

いずれにしても，広いパースペクティブを保つには「弁護士の仕事」という垣根を作らないことが重要である。

▸8　倫理的な問題を含むクライアント

クライアントの相談内容に対するクライアント自身の態度が倫理的とは言えない場合がある。

クライアント自身が固有の価値観を持っていて，弁護士がそれに対して，倫理的な観点から疑問を感じるという場合である。たとえば，相談時における発言から，自分の不公正な利益の追求だけが目的で，法や倫理に対しても，自分に有利な場合は援用し，不利な場合は無視をすることが窺えるといった場合である。

この場合には，賛成できないことを指摘して理由とともに伝える。その際には，倫理的に批判されているように感じる言葉はできるだけ使わず，クライアントに生じる不利益や弁護士としての社会的立場や役割を強調するという方法が有効である。なぜ賛成し得ないのか，そのまま進めた場合にどのような問題が起こることが予想できるかを説明して理解を求める。

また，問題の性質は少し異なるが，倫理という場合，法的領域外のアドバイスを弁護士の名の下にしてしまっていないかに留意する。弁護士が非法的なことに関わる場合にはクライアントの自律性を侵食することのないような十分な配慮が必要であり，それを実現しようと努力するのがリーガル・カウンセリングの考え方であると思われる。この場合には，やはり当事者の視点から出発し，非法的な部分への弁護士の無自覚的な関わりが，結局，当事者の自律性を阻害する不利益として還元されることになりかねず，弁護士自身に求められている役割にそぐわないからと説明することになろう。

ちなみに，「倫理を問うことが倫理を遠ざける。」と言われることがある。倫理がひとつの指針として定着してしまうと，それに従っているのだから問題ないと割り切って個別性を失い，結果的に倫理に無感覚になってしまいかねない。

§2 __ 難しいクライアントとパーソナリティ障害

▶1 パーソナリティ障害の特徴をもったクライアント

弁護士が難しさを感じるクライアントのタイプとして，感情の表し方が激しく，言動が常識を逸脱しているような場合がある。たとえば離婚調停の場面で調停委員の言葉に依頼者をとがめるニュアンスが多少あった場合に，猛烈な怒りを示し，大声で怒鳴りだすようなクライアントがいる。弁護士としては，「なぜそれくらいのことで，こんなに感情的になるのだろう？」，「調停委員に対して大声を出すなんて，いくら怒っているにしても常識が無さすぎるんじゃないか？」と戸惑い，それ以後はクライアントと接するときに腫れ物に障るようになってしまうかもしれない。

クライアントがこのような極端な感情や言動を示す場合に，その原因としてクライアントが統合失調症や躁うつ病といったいわゆる精神病を発症している場合がある。その場合は他にも妄想的な主張や，現実離れしたような発言が伴っている可能性もある。

他方，クライアントが極端な感情や言動を示すにもかかわらず，精神病が背景にあるとは考えられない場合もある。その主張が必ずしも現実から遊離しているわけでもなく，他の場面ではクライアントがごく常識的に振る舞っているように見える場合である。このような場合に，背景として依頼者がいわゆるパーソナリティ障害であったり，そのように診断されていなくても，パーソナリティ障害の特徴を持っている場合がある。

パーソナリティ障害とは，思考のあり方，感情の表し方，行動パターンに著しい偏りがあるため，対人関係および学業や職業などの社会生活に支障をきたしている状態をいう。パーソナリティ障害は，精神科診断基準として一般的に用いられているDSM-5（Diagnostic and Statistical manual of Mental Disorders）やICD-10（International Statistical Classification of Diseases and Related Health Problems）で精神疾患の類型として掲げられているものである。

パーソナリティとはいわゆる「性格」であり，持って生まれた素質と育った環境の相互作用の中で形作られる。誰にもパーソナリティはあり，それぞれの人が異なるパーソナリティの特徴を有しているということができる。ただ，そ

のパーソナリティの特徴が一般的な基準から大きく偏っている場合がパーソナリティ障害と言われる。一般的には，パーソナリティ障害は次のように定義づけられている。

パーソナリティ障害とは，

① 行動や感情のあり方に，著しい偏りのパターンが見られる。

② 偏りのパターンは，若い頃に始まって，長年続いている。

③ 偏りのパターンによって，社会生活や仕事の場面で支障が生じている。

このようなパーソナリティ障害が背景にある場合，クライアントは家庭や職場，近隣関係などの社会生活において，時として過度に感情的になったり，攻撃的な言動を繰り返して，結果的に法的紛争の当事者になってしまうことも多い。そして依頼した弁護士との間でも，同様に偏った言動を繰り返し，弁護士にとって困難なクライアントになってしまうという事態になるのである。

このようなクライアントに出会ったとき，「こういった難しいクライアントを引き受けてしまうと大変だから，そもそも引き受けないようにするべきだ」と考える弁護士も少なくないだろう。ただ問題は，冒頭に述べた統合失調症や躁うつ病のクライアントと異なり，一度や二度の面談ではクライアントの難しさに気が付かないことが多いことである。むしろパーソナリティ障害の人は，第一印象は魅力的な人物に見えることが多いとも言われている。したがって，最初はパーソナリティ障害と気が付かずに受任し，ある程度関係が深まってから，その偏った性格に気が付くということも少なくないだろう。

ただパーソナリティ障害のクライアントが弁護士にとって難しい依頼者だとしても，法的紛争の渦中にあって，その解決のために弁護士の援助を必要としていることは言うまでもない。さらに本人の心情を思えば，長年にわたり，家庭や職場で何かと難しい状況になってしまうことに苦しみ，場合によっては不安やうつ状態で精神科を受診していることも稀ではないことからは，同情すべき点もある。このような困難な依頼者に対し，弁護士があまりストレスを感じることなく上手に対応することができれば，弁護士自身にとっても依頼者にとっても，有益な結果となる。

それでは，パーソナリティ障害のクライアントにどのように対応すればよいのだろうか。以下，パーソナリティ障害の中で法的紛争に現れやすい類型の特徴と，弁護士としてパーソナリティ障害に対応するための基本原則について述べる。

パーソナリティ障害にはいくつかの類型がある。たとえばDSM-5には10種類のパーソナリティ障害の類型が規定されている。その10類型のうち法的紛争に関わりやすいと言われている3つの類型を紹介する。その3つの類型のパーソナリティ障害の人たちは，様々な形で他者との関わりを求めている，あるいは，関わらざるを得ないタイプといえる。そのため，法的紛争の当事者として弁護士と関わる可能性も高い。

【1】　自己愛性パーソナリティ障害

自己愛とは自分に対する自尊心や自信の源であり，誰しも持っているもので，それ自体は問題になるようなものではない。しかし自己愛性パーソナリティ障害の人たちは，そのような一般的で健全な自己愛ではなく，誇大的な自己愛を持っており，そのため他者との関係で軋轢を生じやすい。具体的には，次のように特徴づけられている。

①　自分は特別に優れているという信念を持っていること（誇大感）

②　自分は他者から特別に扱われて当然との気持ち（特権意識）

③　他者の気持ちを理解し，思いやることができない（共感性の欠如）

自己愛性パーソナリティ障害の具体例として，DV加害者が該当する場合がある。たとえば夫が職業的に成功した評判の良い人物である一方で，家庭では妻に暴力を振るっていたり，経済的に締め付けたりする場合がある。そのような場合に，夫が自己愛性パーソナリティ障害で，自分は特別優れた存在であると信じる一方で，妻の心身を傷つけていることには無頓着であり，当然のことをしていると思っている可能性がある。

自己愛性パーソナリティ障害の原因としては，幼少期に理解と共感力のある養育者に恵まれず，「優れた結果を出さなければ，親に愛してもらえない」という切迫感の中で育っていることが多いと言われている。自分の中の劣っている部分，弱い部分を自分自身も認めることができず，自分の優位さについて他者からの承認を常に求めるという心理的メカニズムが作られることになる。

したがって，自己愛性パーソナリティ障害の人と信頼関係を築くためには，その尊大とも見える自己愛を尊重し，傷つけない配慮をすることが，まず必要と考えられる。

【2】　妄想性パーソナリティ障害

妄想性パーソナリティ障害の人は，被害妄想と思われるほどに，他者に対す

る疑い深さ（猜疑心）を特徴とするパーソナリティ障害である。妄想性パーソナリティ障害の人は被害妄想を持ちやすいが，そこでいう妄想は，統合失調症における非現実的な妄想とは異なり，完全に現実から遊離しているわけではない。たとえば統合失調症では「隣人が電波を送って，自分の頭に命令をしている」といった妄想があるが，それは現実的・科学的にあり得ないことである。他方，妄想性パーソナリティ障害ではたとえば，年配の男性が「隣のご主人が犬を飼い始めたのは，うちの妻が犬の散歩をする時を狙って誘惑するためだ」と主張した場合，「隣人が犬を飼い始めたこと」は事実とすれば現実認識自体は正しいが，その行為の意味の解釈が歪曲されているのである。妄想性パーソナリティ障害の人は，以下のように特徴づけられている。

① 猜疑心と他者への不信感が強い

② 他者から利用されることを怖れ，自分の情報を秘密にしたがる

③ 他者から被害を受けたと感じると，執拗な恨みを抱く

妄想性パーソナリティ障害の人は，他者の些細な言動の裏に悪意があると疑い，その猜疑心をもとに他者を攻撃したり，裁判に訴えたりすることが多いと言われる。「好訴的」ということが，妄想性パーソナリティ障害の特徴の一つである。歴史上の人物の中では旧ソビエトの指導者スターリンが妄想性パーソナリティ障害だったと言われている。スターリンは多くの側近を粛清したばかりか，他国で捕虜になった自国民をスパイだと疑って強制収容所に送った。

妄想性パーソナリティ障害の原因として，過酷な養育者のもとで，心身ともに傷つけられ，侮辱された経験を有することが多いと言われている。養育者から厳しい躾けを受けたり，過酷なほど叱られる経験の中で，「他者は自分を傷つけ，屈辱を与える存在だ。常に用心して自分を守らなければならない」と感じるようになるのだろう。

したがって妄想性パーソナリティ障害のクライアントに対しては，安心感を提供することが大切になる。具体的には，猜疑心を持っている事柄については証拠を示しつつ丁寧にその疑いを解消するように説明することや，裁判などの法的手続についても，その内容や手続の詳細・見通しなどを丁寧に説明して，クライアントにとって不当に不利なことが行われていないように安心させるなどの工夫が必要になろう。

【3】 境界性パーソナリティ障害

境界性パーソナリティ障害とは，感情や考え方が極端に揺れ動き，それによ

って他者に対する評価も理想から最悪まで激しく変化することを特徴としている。境界性パーソナリティ障害のクライアントは，弁護士を理想化して頼り，毎日のように電話やメールをしてくるかと思えば，些細な行き違いで激しく怒り，弁護士を攻撃的に責め立てるかもしれない。境界性パーソナリティ障害には，次のような特徴がある。

①　些細なことで感情的になりやすい
②　見捨てられ不安が強い
③　衝動的な問題行動
④　考え方や思考が両極端に変化する

境界性パーソナリティ障害の人は，些細なことに敏感に反応して感情的になりやすいことが大きな特徴である。これは生来的に気分の安定がはかりにくく，感情が過敏な体質をもっていることが一つの原因と言われている。さらに，親自身が精神的に安定せず，子どもに対し共感的で安定感のある関わりができないなど，不安定な養育環境に育つことも，環境的な要因として挙げられる。境界性パーソナリティ障害の人は，対人関係の中でのちょっとした行き違いにも激しい怒りや強い不安を持つことがある。また他者との関係にしがみつき，見捨てられ不安が強く，その不安を解消するための適切な対処を行う代わりに，不安にまかせて衝動的な行動に出ることもある。過度の飲酒や行きずりの性的関係を持つこと，さらには自傷行為や自殺を試みることもある。また知り合ったばかりの他者を過度に理想的な存在と思い込むかと思えば，何かのきっかけで評価が180度変わり，最悪の存在とこき下ろす。

このような境界性パーソナリティ障害の特徴は，実は他のタイプのパーソナリティ障害にも多かれ少なかれ見られ，いわば，基本タイプともいえる。対応法としては，弁護士－クライアントの適切な距離感を保ち，安定した関係性を持つように努めることが必要になる。このような対応法は，他のタイプのパーソナリティ障害にも共通するものである。そこで，パーソナリティ障害の人に対する対応法の基本を，以下に述べたい。

▶3　パーソナリティ障害への対応法

前項でパーソナリティ障害の3つの類型の特徴について述べた。それぞれの特徴に応じた対応法もあるが（岡田編著2018），ただ，目の前に現れたクライアントがパーソナリティ障害ではないかと思ったとしても，どの類型かを判断す

るのは難しい。そもそも精神科診断は精神科医のみが行えることだが，精神科医にとってもパーソナリティ障害かどうかの診断は容易なことではなく，心理検査を用いたり，ある程度の経過を見て診断に至ることが多い。そのようななか，弁護士がパーソナリティ障害の類型について明確に判断することはかなり困難である。ただ，パーソナリティ障害の可能性がある，いわゆる難しいクライアントへの対応に関しては，共通する基本原則がある。弁護士としては，まずこの基本原則を押さえておくことで，難しいクライアントへの対応がかなり楽になると思われる。

【1】 弁護士－クライアントの関係に一定の構造を作ること

パーソナリティ障害の人との関係には，一定の「構造」を作り，それを逸脱しないことが重要となる。構造とは具体的には，場所，時間，行動についての次のようなルールである。

① クライアントと会う場所をたとえば事務所もしくは裁判所内と決める（クライアントの求めに応じて臨機応変にしない）

② クライアントからの電話を受ける時間はオフィス・アワーだけと伝えそれを守る

③ メールへの返信には一定のタイムラグ（1，2日など）があることを伝え，その期間内には返信する

④ 面談の時間は，あらかじめ，「○時間」と伝え，それを大幅に超過しない

⑤ 弁護士として委任を受けた範囲以上のことまで援助を広げない

やや厳しすぎると思われるかもしれないが，このようなルールを予め伝え，弁護士－クライアント関係に一定の距離感を保つことが，パーソナリティ障害のクライアントとの関係を安定させる鍵となる。なぜならパーソナリティ障害の人に対して一旦，親身になって臨機応変に応じると，クライアントは弁護士に対して過度に期待するようになり，その期待が少しでも裏切られた場合に（例えば，夜間の電話を急に取らなくなったりした場合），感情的に反応する可能性が生じるのである。一般的なクライアントであれば，「今日は弁護士さん，忙しいのだろう」と納得するような場合に，そうはいかないのがパーソナリティ障害なのだ。したがって，具体的には上記の①〜⑤のルールでなくとも，一定の枠組みを作り，それを律儀に守っていくことが，弁護士－クライアント関係を安定させる鍵になる。

また最初に述べたようにそのクライアントが難しいクライアントかどうかは，

出会った当初はわからないことが多い。そこでまずは全てのクライアントに対して上記のルールを適用し、しばらく時間をかけてクライアントのパーソナリティを見極めてから、特に例外的な対応が必要であり、かつそうしても大丈夫だと思われるクライアントだけにルールを越えた対応をするほうが安全だと言える。

【2】 感情的なことにフォーカスせず、具体的な課題に気持ちを向けること

パーソナリティ障害の可能性のある難しいクライアントが、相手方への怒りなどで感情的になり、泣き出したり、大声を出したりなど、対処に困る状態になることがある。パーソナリティ障害の人は特にネガティブな感情に執拗にとらわれやすい。その場合、弁護士としては、その感情自体を直接鎮めるための働きかけではなく、感情的なことから具体的課題へと気持ちをそらさせるほうが有効である。

そうはいっても、まずはクライアントの感情について共感的な態度を示すことは必要となる。たとえば「あなたがお怒りになるのも当然です」、「お気持ちはよくわかります」などの声がけをして、相手の感情を理解していることを伝える。しかしその後は、今、行うべき課題を示すことが必要になる。たとえば、「では次の準備書面で、その点は反論する機会があります。もう少し具体的に主張を整理しましょうか」など、次の法的手続のタスクを示して、焦点を変えることが必要である。すぐにクライアントの感情が切り替わるわけではないが、クライアントの中の合理的に判断ができる大人の部分に働きかけることで、感情の泥沼から抜けていくことができるだろう。

【3】 事前に法的手続を良く説明し、クライアントにとって想定外のことが起こらないようにすること

パーソナリティ障害の可能性のあるクライアントに限らず、多くのクライアントにとって法的紛争は未知の世界であり、裁判手続のなりゆきは予想することが難しい。それぞれの誤解や偏見によって思い込んでいる部分も多いだろう。そのような中でパーソナリティ障害のクライアントは、裁判の経過において本人にとって予想外のことが起こった場合、過度に感情的になり弁護士との関係をこじらせる引き金となりうる。

そこで弁護士としては、法的手続の成り行きについて、あらかじめ丁寧に説明しておくこと、また訴訟や和解の見通しについては現実的な見通しを伝えておくことが必要になる。クライアントにとって不利なことが起こっても、それ

が「想定内」と感じられれば，ショックを和らげることができ，弁護士への失望や怒りを抑えることができる。

▶4 まとめ──マネジメントを行うという心構え

　以上，対応について 3 つのポイントを挙げてきた。これらの具体的対応法をぜひ試していただきたい。

　最後に，難しいクライアントと相対した時のマインド・セット（心構え）のヒントをお伝えしたい。パーソナリティ障害に限らず，精神的な問題をもっていると思われるクライアントに出会ったとき，「共感的に話を聞き，親身になって接していれば，クライアントの精神的問題は『治る』のではないか」と考える弁護士もいるかもしれない。しかし多くの精神疾患は，医師による診察と投薬，心理士によるカウンセリング，集団療法などを組み合わせ，年単位で治療していくものである。特にパーソナリティ障害はそれまでの人生を通じて培われてきた性格の問題だから，そう簡単に「治る」ものではない。弁護士としては，パーソナリティ障害の可能性のある難しいクライアントを「治す」ことによって対応の難しさを解消しようとするのではなく，難しいことを前提に，それをどうマネジメントしていくかということを考えるほうが適切である。クライアントのパーソナリティが変わらなくても，うまく付き合うことができるようにすること，つまりマネジメントを行うというマインド・セットを持つことが大切になってくる。また同時に，マネジメントの意識を持つことによって，難しいクライアントとの感情的なもつれから気持ちの距離を置き，冷静に対応することに役立つだろう。

　なお，詳細については，巻末の参考文献ガイドにもあげている岡田編著（2018）を参照されたい。

第9章
ロールプレイの実践

§1 ロールプレイの実施方法

▶1 技法習得の方法

　法律相談の技法の習得については，様々な方法がある。たとえば，①ロールプレイ，②ビデオなど視聴覚教材による学習，③実際の法律相談への同席，④事例検討会，⑤スーパービジョンを受けるといったものがそれである。

　しかし，リーガル・カウンセリングの考え方そのものが，わが国ではまだ十分定着していない状況においては，②③⑤の効果的実践には，なお引き続き時間を要するであろうと思われる。そこで以下では，ひとまず①のロールプレイに限定して述べることにする。これは，自覚的に技法を意識して練習するには，利用しやすいという特徴があり，観察者役を通じ，自らの相談のあり方をじっくり振り返ることが可能であることによる。できれば録音・録画して，逐語録を作り，もう一度これに基づいて，ていねいな振り返りを行うことによって，より効果をあげることも可能となる。こうした経験を踏まえて，実際のケースの中で，実践を試み，それを④の方法で（もちろん守秘義務の問題はクリアーした形で）検討することで，深めていくことが必要であろうと思われる。

　ロールプレイの実施に当たって，とくに留意すべきと思われる事項として，クライアント役には，なるべく法律とは無縁の世界の人を依頼する方がよい場合が多いことが挙げられよう。これは，法律を学んでいる者同士で行うと，弁護士役が法律用語を使っても，あるいは反対にクライアント役が論理的に話の展開を行っても，とくに互いに違和感を感ぜずに，相談が進んでしまって，現実の相談場面での経験とは異なった認識が形成されてしまうことがあるからである。現実的な制約から，そうせざるを得ない場合には，この点に十分留意し，クライアント役が十分に役づくりを行って，できるだけこうした特徴が出ない

ように配慮することが必要である。

医療面接の領域では，模擬患者（simulated patient）が養成されているが，法律相談の領域でも，模擬相談者（simulated client）へのニーズは高い。

▶2　スキルプレイとロールプレイ

本書各章中のスキルプレイは，問題ごとの指示に従い，個々のスキルごとにステップ・バイ・ステップで習得していくことが望ましい。すなわち，まずはなぜそのようなスキルが必要なのかを常に自覚しつつ，個々のスキルを確実に身につけることが第1段階として必要である。

この場合に，とくに大切なのは，従来の法律相談が，クライアントの話しを十分に聴かないで，法的な判断を伝える傾向が強いことであったことからすると，まずはとくに基本的傾聴の連鎖に関わる技法をゆっくりと，しかもていねいにマスターすることが基本となる。

そして，その上にたって，面談の構造化を十分に意識して，積極技法の習得を行う。しかし，この段階の基本的留意点は，十分に「聴く」を行った上で，「伝える」に移るということは，必要条件ではあるが十分条件ではないということである。もともと「聴く」と「伝える」は切り離されたものではなく，問題構成・選択肢の開発・意思決定を通じて，「聴く」をしっかり基底として引きずりながら，クライアントのニーズに即し，状況に即して法情報などを伝えていく工夫が求められるということである。

また，法情報などの提供をして伝えることと問題構成の幅を広げ，選択肢を増やし，クライアントによる意思決定へと結びつけていくことは，同時並行的に行われるものであるから，「伝える」ことに注力してしまうと，創造的な作用がおろそかになるという問題が生じる。そのためには，常に「聴く」というニュートラルな状態に切り替えられるポジションを取って，伝えた結果を踏まえて，一歩引いた視点でともに考え合う展開が求められる。

スキルプレイではひとつの技法または同種のものを組み合わせて，各回3分〜5分程度の練習を行う。その間クライアント役は，少なくとも当初の段階では，その場が〈自分の悩み〉を解決する場ではなく，弁護士役の技法習得を支えるように発言すると効果的である。スキルプレイは，クライアント役，弁護士役，観察者役に分かれて実施して，実施後，観察者役とともに振り返りを行うとよい。

▸3　ロールプレイの実施

　次にロールプレイは，スキルプレイで練習したことのまとめとして，面談の各段階（基本的かかわり行動，基本的傾聴の連鎖，積極技法・問題構成・選択肢の開発・意思決定）ごとに分けて順を追って，あるいは面談全体を通して行う。後述の事案編では，感情面や法情報の内容やウエイトが異なるものを3つ例示している。

　前述のスキルプレイが，個々の技法の習得を目指すのと異なり，ロールプレイでは，単なる技法の集積を超えて，これらの技法を統合し，面談過程全体の中での技法の意味づけや限界を考えていくことに意義がある。

　ロールプレイにあたっては，クライアント役・弁護士役・観察者役に分かれて実施してみる（弁護士役の人数は1名が望ましいが，2名で行う場合はメインとして聞く人を決めておく方がリーガル・カウンセリングの趣旨に合致することが多い）。

　そして，観察者役の人は，たとえば，末尾添付のようなフィードバック用の振り返り表を用いるなどして弁護士役の関わり方を評価してみる（「▸5　振り返り表使用上の注意点」参照）。

　時間はとくに制限しなくともよいが，通常の弁護士会や市役所の法律相談のように30分くらいをひとつの単位としてやってみると，時間の感覚を把握することができる。もう少し余裕を持って行うということであれば40分くらいを目安とするのもよい。

　ロールプレイは単に実施するだけではなく，終了後に必ずそれぞれの役の人による振り返りの時間を十分にとって問題点を検討する。すでに述べたように，録音や録画にとって，逐語録を作り，それを再生しながら検討すると，直後の振り返りでは気がつかなかった技法使用の問題点や全体的な評価のポイントが鮮明になることが多い。

▸4　ロールプレイ振り返りの全般的留意点

　ロールプレイの振り返りに当たって，おおまかな留意点を示せば次のとおりである。

　☆　基本的関わり行動（視線・身体言語・声の調子・言語的追跡）はしっかりできていたか

　☆　相談への導入（アイスブレイキングやペーシング）は，どうだったか

　☆　「聴く」という姿勢は保たれていたか

☆　「聴く」ための質問技法・傾聴技法は，効果的に使われていたか，わざとらしくなかったか

☆　クライアントは話しやすかったか

☆　相談者のこだわりは聴けていたか——感情の反映は，うまくできていたか

☆　クライアントとの信頼関係は成立していたか

☆　法的判断に必要な情報は十分聴けていたか

☆　持参書類の示させ方は，不自然ではなかったか

☆　書類にとらわれすぎて，ニーズが不明確になったりしていなかったか

☆　メモの取り方はどうであったか

☆　法的判断の伝え方——積極技法の使用はどうだったか

☆　法的な情報は，わかりやすく説明されていたか，納得できる説明であったか

☆　法的判断を示した後に十分に聴けていたか

☆　クライアントの問題構成に，しっかりとついていっていたか

☆　弁護士の考える問題構成を，しっかりと示せたか

☆　問題構成に際して，クライアントに考える機会を十分提供したか

☆　弁護士が，法的な問題構成を押しつけたりすることがなかったかどうか

☆　一緒に問題構成し，考えるという姿勢はどうだったか

☆　多様な選択肢を考え出すという姿勢がそもそも見られたか

☆　選択肢の開発に際して，クライアント・弁護士が，それぞれがどのような役割を果たせたか

☆　選択肢の開発はスムーズに行えたか

☆　意思決定はどのようにして行われたか

☆　意思決定に際して，弁護士はどのような関与の仕方をしたか，意見を押しつけたりしていなかったか

☆　意思決定はスムーズに行われたか

☆　相談の終了はどのような形で行われたか

☆　相談者が具体的にこれから何をすればよいかが確認されていたか

☆　継続相談の場合には，次回までの課題などが話し合われたか

▶5 振り返り表使用上の注意点

末尾に観察者役によるロールプレイの振り返りの便宜のために,「振り返り表」を添付したが, 使用上で誤解をまねかないために注意点を何点か指摘しておく。

① まず, この表は, ロールプレイで使われた個々の技法を, 技法自体として評価するためのものではないということである。

あくまで, この表は, 面談全体を通してみたときに, 技法がどのような使われ方をしたか, それが有効であったか, かえって逆効果であったかなど, 関わり方の状況に応じて, チェックするための単なる素材としての意味を有しているにすぎない。

なお, 文中のプラス・マイナスは, 技法使用のタイミング・頻度・言い回し・クライアントの反応などに応じて, 評価していくためのものである。同じ技法を使っても, 自然に感じられる場合と, わざとらしく感じられるときがある。そうした微妙な違いを認識することこそ, 技法に本来内在するもっとも大切なセンスを磨いていくために不可欠の要素だからである。

② 次に, 個々の技法という「図」にとらわれると, 背景の肝心の「地」(すなわちクライアント)が見えなくなってしまう(心理学の「ルビンの盃」で有名な「図地反転図形」を想起されたい)リスクを抱えていることを考えながら記入してほしいということである。

これは, たとえば, 柔道などの競技においても, 個々の技を習得した後で,「乱取り」というロールプレイの経験を重ねることにより, 両者の動きの中において, うまくタイミングがあった状況で, 無意識的に体が開いて自然に技がかけられることが重要であり, 技をかけること自体にとらわれるとうまくいかないことに似ている。

③ 最後に, すでに述べたように個々の技法を積み重ねると, よい面談ができるというわけではなく, これを超えた技法を統合する力と面談過程全体での技法の意味づけが重要であり, そのために常に基本理念や原理に立ち返って, 全体評価を心がけてほしいことである。末尾の「その他全般」という項目は, そのような観点から設けている。すなわち, あくまで「地図は現地ではない」のである。

▶6　3つのケースのねらい

　ロールプレイ用の素材として取り上げた3つのケース作成についての考え方は次のとおりである（なお，ケースの登場人物等は仮名である）。なお，以下の事例については弁護士面談の場合を想定して作成している。

【1】　紛争当事者相互の立場のクライアント役を設定したこと

　3つのケースについて，紛争当事者それぞれの立場からのロールシートを示して，どちらからでも相談できるようにした。これは，実際にロールプレイを実施する場合に，クライアント役の性別などからできる役が限定されないようにという配慮に基づくものである。しかし，できればそれぞれの立場からの相談を，役を代えて実施してみることによって，立場の違いによる考え方の相違を認識することができるという意味も込めている。

　相談の場面では，実際の情報は一面的でも，相手の立場や考え方を想定しながら相談に応じることで，選択肢や意思決定に広がりを持たせることが可能となる。また，相手方の立場や考え方を知ることは，交渉やメディエーション（Mediation）との連続性を考えることにつながると思われる。

【2】　法律問題の取り上げ方

　リーガル・カウンセリングのロールプレイということを考えると，法律的にあまり難しい論点を含む事例を練習の初期段階で取り上げると，弁護士役の関心が，法律上の論点を考えることにどうしても引きずられて，肝心の「聴く」や「伝える」がおろそかになってしまう。それでは，リーガル・カウンセリングの難しさが，法律問題の難しさにすり替わってしまいかねない。

　したがって，取り上げたケースは，なるべく法律的には，比較的難しくないものとしている。こうしたケースで，法情報をどのように伝え，問題構成から意思決定に至れるかということで，まずはありがちな法律問題でソフトな規範の使い方に十分慣れてから，次のステップに移ることが大切であると思われる。

【3】　実際に使用するケース

　練習に当たっては，最初は，面談の導入から終了まで一気にやってみるよりも，面談の初期・中期・終期といった具合に，段階を区切って行うことが効果的である。ある程度のまとまりごとに，振り返りを行いつつ進んでいく面談を経験することで，何が不足しているか，どうすれば深まるかなどを，それぞれの場面毎に実感することができよう。

▶7 場面別の技法使用の留意点

【1】 基本的関わり行動を中心とするもの

① 目標　最低限度の信頼関係を形成する。

② 使用するスキル　視線を合わせること，身体言語に気を配る，声の調子，言葉使い，言語的追跡。

③ 想定する場面　面談開始時の挨拶，着席に始まり，簡単なアイスブレイキングから，本題に入り，クライアントが自由に話し始められて，弁護士役として最低限度の信頼関係が築けたと感じられるまでの場面。

④ やり方の工夫　スキルを意識して使用した場合と，意識しない場合とで，どのような違いが出るかを考えてみる。また，クライアント役は，異なったタイプの人物（たとえば，よく喋る人と寡黙な人）を演じてみて，どのような違いが生じるかを考えてみるとよい。

【2】 質問技法を中心とするもの

① 目標　様々な質問の仕方が，話を聴くことに関して，どのような意味や効果を持つものであるかを考える。

② 使用するスキル　開かれた質問，閉ざされた質問，理由を聞く質問，誘導質問。

③ 想定する場面　最初の会話から，クライアントの話やできるだけその背後にあるニーズを明確化していく場面。

④ やり方の工夫　異なった質問技法を使ってやり直してみて，それぞれどのような感じを受けるか，どのような会話の展開になるかを考えてみる。

【3】 傾聴技法を中心とするもの

① 目標　弁護士役は，クライアントの話をできるだけ受容し，共感していることを伝える。

② 使用するスキル　うなずき，あいづち，繰り返し，言い換え，要約，感情の反映など。

③ 想定する場面　最初の会話から，クライアントの話やできるだけ背後にあるニーズを明確化していく場面。

④ やり方の工夫　それぞれの技法をどのようなタイミングで，どの程度使用すればいいのか，しっかり聴いてくれていることと，わざとらしく感じられることの限界を実際に経験してみる。

【4】 積極技法を中心とするもの

① 目標　　クライアントのニーズに基づく問題構成を十分踏まえて，法情報やこれに基づく考え方を，できるだけ納得の得られやすい形で伝え，問題構成や選択肢の幅を広げる素地を作る。

② 想定するスキル　　焦点化，対決，再構成，自己開示（私メッセージ）など。

③ 想定する場面　　基本的傾聴の連鎖により，クライアントのニーズを十分に明確化した段階で，弁護士側からそこで示された事実を前提として，法情報を提供し，様々な問題構成のあり方を示し，選択肢をともに考えていく場面。

④ やり方の工夫　　段階的には，法情報を伝える前の焦点化などによる状況作りの段階と，対決による伝え方の工夫の段階，クライアントによる問題構成と弁護士による問題構成を踏まえて，選択肢の探求に向けて再構成して行く段階へと，ある程度，意識的に使い分けながら進めていくとよい。

§2　【ケース1】──離婚事案

▶1　【ケース1＿A】〈クライアント＝妻側〉

私は，田中良子，35歳です。先月，夫田中哲夫が3歳の長女愛子を連れて出て行ってしまいました。

私と夫は，結婚4年目です。大学の同級生でしたが，大学卒業後に交際を開始し，7年ほど交際して，結婚しました。結婚して，1年後，妊娠していることがわかり，長女を出産しました。現在，長女は3歳です。

私と夫は，長女が生まれるときに，夫婦で相談をして，夫が専業主夫として家事・育児を担当し，私が家計の収入を得る，ということにしました。というのも，夫は当時，広告代理店に勤めていましたが，年収600万円程度，私は美容系の会社を立ち上げて3年目，年収2000万円ほどありました。そのため，夫が家事・育児を担って，私が収入を得る方が，家族全体にプラスだと思ったからです。夫婦双方が納得して決めたことでした。

私の会社は，美容系の化粧品などを通販で販売しています。経営自体はとても順調です。ただ，従業員は2名で，経営的な部分は私が一人で取り仕切っており，会社の経営が軌道に乗ってからは，とても忙しくなっていきました。出産後も，すぐに仕事復帰し，朝から晩まで働き，深夜に帰宅することもあります。

私は，長女と触れ合う時間も十分なく，とてもストレスが溜まっていきました。夫が退職してしまったことから，私が家計を担っているというプレッシャーもあり，仕事を一生懸命しなければ，という気持ちが強くなり，仕事復帰してからは，精神的な負担が大きかったです。しかし，私は，長女と夫のために，身を粉にして働いてきたのに，先月，夫は長女を連れて出て行ってしまいました。

　私のこれまでの苦労が一体何だったのか，夫がどういうつもりなのか，長女を自宅に返してほしいと連絡をしても取り合ってもらえず，途方にくれています。

　夫が離婚を希望したとしても，私は離婚をするつもりはありません。これまで，夫と長女のために働いてきました。それにもかかわらず，夫は，私の承諾も得ずに勝手に出てしまっていて，こんなこと許されるのでしょうか。夫と長女を連れ戻す方法は何かないのでしょうか。

　仮に，夫がどうしても離婚を希望するのであれば，夫には慰謝料を支払ってもらいたいですし，長女の親権は自分が取りたいです。その場合は，今の仕事は減らします。また，結婚後に貯めた貯蓄が3000万円ありますが，夫は，これを持って出ていきましたので，全額，返してほしいです。全て，私が稼いだものです。

【具体的に尋ねられるまでは明かさない情報】
・仕事の忙しさから精神的に余裕がなくなり，口論になったときに，夫に対して「出て行け」と言ってしまうことがあった。
・今回，夫が出て行ったときも，自分が「出て行け」と言ったことがきっかけである。しかし，本気で言ったわけではない。
・夫から，仕事を減らしてはどうか，と提案があったこともあるが，収入が減ってしまうことを理由に断った。

【役作りのポイント】
　最初は，気の強い性格を前面に出して，夫が出て行ったことに対する怒りが強く，長女を連れ戻す方法がないのか，ということを弁護士に対しても問い詰める様子で関わってみる。弁護士役が丁寧に事情を聴くことができれば，自分自身に問題があったことに目を向けることができる。怒り，戸惑い，不安など，気持ちに揺れがあり，弁護士が寄り添ってくれるか，また，今後，修復に向け

ていく場合，離婚に向けていく場合，それぞれの法的課題を弁護士が示してくれるかに注意する。

▶2 【ケース1__B】〈クライアント＝夫側〉

　私は，田中哲夫，35歳です。先月，私は，妻田中良子から「出て行け」と言われたので，3歳の長女愛子を連れて家を出ました。

　妻とは，学生時代に同級生として知り合い，大学を卒業してすぐに交際を開始し，7年ほど交際を続け，29歳のときに婚姻しました。私は，大学卒業して，広告代理店に就職し，しばらくは，会社員として勤めていました。当時，年収は600万円程度でした。

　婚姻して1年後，妻の妊娠が分かりました。妻は，起業して3年目，会社が軌道に乗ったばかりのときだったので，仕事を続けたいという意欲が強く，出産後，私が仕事をやめて，家事・育児を担うということになりました。苦渋の決断でしたが，お互いの実家も遠方で，お互い仕事が激務だったので，どちらかが転職または退職をしないと，育児は現実的ではない，ということになりました。長女が生まれた直後，私の方が退職しました。現在，長女は3歳ですが，とてもかわいいさかりです。長女の世話は，主に私がしてきました。

　妻の会社は，従業員は2人いますが，会社の経営は一人でやっているようです。美容系の商品を通販で販売する会社で，会社経営は順調のようで，とても忙しく，帰宅も深夜になることが多いです。長女が生まれてすぐに復帰し，それ以降，精神的に余裕がない状態が見て取れるようになってきました。帰宅すると，大きな声で家事・育児のことを非難されることがありました。

　私が退職してからは，家計は，すべて妻の収入に頼っています。ただ，妻の余裕のない様子を見て，仕事を減らしてはどうか，と提案することもありました。しかし，妻からは，かえって，「私の仕事を理解してくれない」などと言われたり，「私の稼いだお金で暮らしているのに，収入が下がったらどうするの？」と言われたりしました。それ以降，些細なことで口論となると，妻から「出ていけ」と言われるようになりました。

　今年になり，長女の面前でも，大きな声を出して，私を非難することが続いたので，長女にとって良くないという思いが強くなり，今度，「出て行け」と言われたら，長女を連れて出ていこうと決意するに至りました。そして，先月，些細なことで口論となり，いつものとおり，妻に「出て行け」と言われたので，

私は，荷物をまとめ，長女と一緒に家を出ました。今は，賃貸マンションを借りて，長女と二人で生活をしています。

　離婚をすべきか，まだ気持ちが固まっていません。ただ，妻がこのまま変わらないのであれば，夫婦としてやっていくのは難しいと思っています。仮に，離婚となるならば，長女のことは，私がほとんど担ってきたので，親権者になることを希望しています。離婚するのか，やり直すのかどうかが決まるまでは，長女を動揺させるので，妻に会わせるつもりはありません。

【具体的に尋ねられるまでは明かさない情報】
・自宅をでるとき，婚姻後から妻の収入で貯めた3000万円を持ち出した。これは，離婚を選択する場合，自分が退職してキャリアを犠牲にした分と，当面の生活費として，もらう権利があると思っている。
・長女は，とても母親のことが好きである。長女は，自宅に戻りたい，と言っている。
　母親に会いたいとも言っている。

【ロールプレイでの役作りのポイント】
　最初は，淡々と事実を述べ，感情の起伏が少ない様子で関わってみる。今後の方針について決めかねているが，長女にとって何が一番良いか，という視点で物事を考えていることはぶれない。妻のことを責めるというよりは，合理的に考えて結論を出したいと考えている。ただ，別居している間は，長女を妻に会わせたくない，というこだわりがとても強く，この点だけは感情的である様子を演じてみる。財産関係については，具体的に尋ねられるまでは，事実を伝えない。

§3　【ケース2】──相続事案

▶1　【ケース2＿A】〈クライアント＝女性側〉

　私，河合恵（38歳）の母は，河合洋子といって横浜市磯子区に一戸建ての古い家と土地を所有しています。
　私は，大学卒業後長年，広告関係の会社勤めをしていて，65歳の母と2人で

▶図 9 - 1

遺　言　書

　遺言者河合洋子は，この遺言書によって，下記のとおり遺言をする。

1．遺言者河合洋子は，横浜市礒子区富士見×丁目××番地××の土地および

　　同地上の建物を娘河合恵に相続させる。

　上記，遺言のため，遺言者自らこの証書全文を書き，日付および氏名を自署し，

押印する。

　令和元年 7 月 1 日

　　　横浜市磯子区富士見×丁目××番地××

　　　　　　　　　　　　　　河　合　洋　子　㊞

暮らしていました。母は，1 か月ほど前に亡くなるまで，長い間，体が不自由
で，最近はまだ若いのに認知症もあって，1 人で暮らさせられず，私が仕事を
しながら面倒を見てきました。この間，私にも結婚の話もありましたが，そん
なわけでこれまで独身を通してきました。

　私には，弟雄太（35歳）が 1 人いて，千葉で公務員をしていますが，もう10
年ほど前に結婚して，マンションも購入して子どももできています。結婚をし
て以来，あまり横浜の家には近づかず，私との仲も良くなく，正月とかに来る
くらいで，母ともほとんどやりとりがありませんでした。弟の妻というのが，
また変わった人で，とくにお金には細かいので，弟はいいようにコントロール
されているのです。

　今回，母が，家で転んだことがもとで入院し，突然亡くなりました。母は，生前，
この家はお前が継ぐようにと司法書士と相談していて，遺言書（▶図 9 - 1 参照）
を書いて，生前私に渡してくれていました（遺言書は，母の字に間違いありません）。

なお，遺言書は，私に見せてくれたあと，封をしないで封筒の中に入れて，私が預かっていました。母の財産は，これ以外には，年金の振込口座になっていた通帳に1000万円くらいあります。不動産の価値は3500万円くらいだろうと近くの不動産屋は言っています。

　ところが，まだ四十九日も済んでいないのに，弟が財産分けのことで相談があるからとやって来ました。私としては，弟のあまりの身勝手にあきれるばかりで，遺言書もあるし一銭の財産もあげたくありません。

　弟の口ぶりでは，家を売ったお金を平等に分けろとか，預金はいくらあるんだとか勝手なことを口走っていました。私は，父親の代からの家で，愛着もあり，売らずにこのまま住みたいです。これまでは，母の面倒を見ながら会社勤めをすることで精一杯でしたが，これからは自分の人生を歩みたいです。弟は家もあるし，家族もいるし，不自由なく暮らしてきています。相続の件も，きっと弟の妻が後ろでいろいろ言っているんだろうと思います。子ども（2人います）を私立中学に入れたりするとかで，ずいぶんお金がかかるとか言っていましたから。

　私は，家を売らないといけないのでしょうか。遺言書は，どういう効力があるのでしょうか。弟にいくらかやらないといけないのでしょうか。その場合，いくらくらいになるのでしょう。どうやってお金をつくったらいいのでしょうか。なお，私は，現在月収が手取り40万円くらいで，これまで貯めた貯金が500万円くらいはあります。

【役づくりのポイント】

　最初は，四十九日も済んでいないのに，また母の生前はほとんど行き来がなかったのに，いきなりお金の話で怒りを隠せない様子で，まくし立てるような展開が考えられる。弟に対する非難が主で，あまりそれ以外は耳に入らないというスタンス。法的な説明を受けても，納得できない様子を示す。家を売ることに関しては，愛着もあり，売らない前提で，どのような方法があるかを弁護士とともに考えるという進め方でとりあえず臨む。遺言書は，弁護士役から提示を求められるまで出さない。

▶2 【ケース2＿B】〈クライアント＝男性側〉

　私，河合雄太（男性―35歳）の母は，河合洋子といって横浜市磯子区に一戸

建ての古い家と土地を所有しています。

　姉・河合恵（38歳）は，大学卒業後長年，広告関係の会社勤めをしていて，65歳の母と2人で暮らしていました。母は，長い間，体が不自由で，最近はまだ若いのに呆けもあって，1人で暮らさせられず，姉が仕事の傍らずっと一緒に住んで，面倒を見てきました。そんなこともあって姉には若い頃は，結婚の話もありましたが，これまで独身を通してきました。

　私は，弟で，千葉県で公務員をしていますが，もう10年ほど前に結婚して，マンションも購入して子どもも2人います。結婚をして以来，私の妻も含め，姉とは折り合いが悪く横浜の家にはあまり近づかず，正月とかにたまに行くくらいで，仕事が忙しかったこともあり，母ともあまりやりとりがありませんでした。

　今回，母が，家で転んだことがもとで入院し，1か月ほど前に突然亡くなりました。母は，生前，家は姉が継ぐようにと司法書士と相談していたようで遺言書を自分で書いて，生前姉に渡していたらしいです。先日，相続の話を持ちかけたところ，遺言書があると言って私に見せてくれました。封をしないで封筒の中に入れて，姉が預かっていたようです。一応コピーはもらってきました。

　母の財産は，これ以外には，年金の振込口座になっていた通帳に1000万円くらいあるようです。不動産の価値は3500万円くらいだろうと近くの不動産屋は言っています。

　私としては，話をしたときに，子どもが2人なのだから平等に分けるのが当然だといったら，姉は，自分が母親の面倒を見てきたし，遺言書もあるのだから，私には一銭の財産もあげたくないというのです。あまりにも身勝手で，喧嘩になってしまいました。

　それは確かに，姉が母の面倒を見てきたことはわかりますが，母だって生前は，姉が仕事で遅くなって，家にいないことが多く，心細いとか言っていましたし，望んでいたわけでは必ずしもないのです。今回ころんだときだって，家で動けなくなって，姉が仕事から戻る時間が遅く発見が遅れたということがあります。

　私としては，少しは，姉の取り分が多いのは仕方ないと思いますが，基本的には，家を売って，売ったお金を平等に分けるべきだと思うし，預金も当然にそうすべきだと思います。

　姉は，親の代からの家で，これまで愛着もあり，売らずにこのまま住みたい

といいますが，それではお金はつくれないし，むしろ仕事は東京でしていて，帰りも遅いのですから，近くにマンションを買って住めばいいことです。私もこれから，子ども2人が私立の中学へ入るとかで何かとお金が必要なのです。私の妻も，しっかり頑張らなければダメだと言っています。

　私は，姉のほうが，まあ，母親の面倒を見てきたのは事実だから，少しは取り分が多いことまでは認める気持ちはありますが，とにかく家を売って，全部を折半にするということで頑張りたいですが，そのような要求は無理なのでしょうか。遺言書はどんな意味があるのでしょう。これから，どのように交渉を進めたらいいでしょうか。

【ロールプレイでの役づくりのポイント】
　自分が，生前は母親の面倒を見てこなかったにもかかわらず，権利は100％主張するというクライアント役の想定で考えてみる。したがって，当初は，自分に不利なことはあまり言わず，何もやらないという主張に文句を言い続けるという展開が考えられる。しかし，弁護士役がていねいに聴いてくれることを通じて，自分の問題点も考え，整理し始めることも考える。しかし，弁護士役が押さえつけるような言い方をすれば反発を示す。また，自分の妻にさんざん言われていることが態度に影響している設定で考える。家を売るかどうかより，確実にお金が入るかどうかが関心事という考えで臨んでみる。なお遺言書のコピーは，姉にコピーをもらってあるが，弁護士役に言われるまで見せない。

§4 __【ケース3】──著作権侵害事案

▶1 【ケース3__A】〈クライアント＝男性側〉

　私は，林太郎，42歳です。デザインを業とする「ハヤシ・デザイン株式会社」を経営しています。会社は，私と妻の2人が役員をしていて，私が100％株主の家族経営の会社です。ホームページデザイン，本の装丁，ロゴデザイン，チラシ作成など，様々なデザイン業務を行っています。

　今回，4年前に製作した会社のポスターの写真・デザインをそっくりそのまま利用した物品が販売されていることを知りました。写真・デザインをそのままコピーして，ノート，ポストカードなどが製作され，多数，ネット販売され

ていたのです。明らかな著作権侵害行為です。

　ネット販売している事業者は，そのHPを確認すると，田畑みどり氏という人でした。HPに記載されている連絡先に電話連絡を入れ，こちらの会社のデザインであることを指摘したところ，田畑氏は，「自分は海外の業者から仕入れただけであり，分からない」というだけで，電話をがちゃんっと切られてしまいました。HPを確認すると，田畑氏は，その後も，数か月，販売を続けていました。

　その後，田畑氏に対しては，何度か電話，メールで連絡を入れて，販売を止めるように要求をしました。田畑氏は，最終的には，販売を止めましたが，電話では，「私は全く知らなかった。言いがかりである。名誉棄損ではないのか。」という趣旨のことも言っていました。

　私は，自分が心血を注いで作成したポスターのデザインを盗用され，それだけでも腹立たしく思っているのに，一度，連絡を入れただけでは販売を止めなかった田畑氏の対応にも，大変，憤っています。田畑氏が製作したものではなく，海外の業者から仕入れたものだったとしても，連絡をしたときには，すぐに販売を停止すべきです。しかも，田畑氏は，一度も私たちに謝罪をしていません。私は，田畑氏に対して，謝罪を求めるとともに，販売行為に対して損害賠償請求をしたいと思っています。

　なお，田畑氏が今回の物品を仕入れたと言っている海外の事業者についても，責任追及をしたいと思っていましたが，この海外の事業者は，既にＨＰなどはなくなっており，情報を追えない状況です。また，田畑氏が販売していた物品の金額は，1個につき300〜500円程度です。田畑氏いわく，500個を仕入れ，仕入値は1個につき50円程度，既に350個を販売したとのことです。

【ロールプレイでの役作りのポイント】

　著作権侵害物品について，一度，指摘をしたにもかかわらず，相手方が販売を継続したことについて憤りを強く持っている。損害賠償請求について，いくらくらい請求できる可能性があるのか，謝罪を求める方法があるのかなど，確認をする。相手が自分の責任を認めていない点，謝罪がない点について，納得がいかず，相手に認めさせたいというこだわりを強く持っている。デザインなどの無形の財産に対する財産評価が低い点にも，常々，不満があり，デザインの価値に対する配慮がなく，損害額が低くなるという点だけを示されると反発

する。

【ケース3＿B】〈クライアント＝女性側〉

　私は，田畑みどり，48歳です。夫と高校生の子どもがいますが，自宅でできる仕事として，ホームページを開設して，インターネットで仕入れた雑貨，商品などを販売しています。海外の事業者から仕入れることもあり，仕入れは全てインターネットで行っています。個人で営業しており，売上は，月に20～30万円程度です。

　今回，海外の業者から仕入れたノート，ポストカードなどを販売していたところ，そのデザインが，林さんの会社が製作したものであるとの連絡を受け，大変驚いています。私は，海外の業者から仕入れただけで，自分で製作したものではないので，全くそのことを知りませんでした。この商品は，1個につき50円程度で仕入れたもので，合計500点を仕入れました。販売価格は，物品によりますが1個につき300～500円程度，既に350点を販売しました。

　林さんから最初に電話をもらったときには，私は，海外から仕入れたものであること，林さんのデザインを勝手に利用しているものであることを全く知らなかったということを説明しました。林さんは，最初，私が製作して，販売していると思っていたようで，驚いていました。その後，何度か電話があり，どこから仕入れたのか，具体的な仕入先の情報なども聞かれました。私は，正直に聞かれたことに回答しました。ただ，仕入先は，既にホームページなどは削除されており，情報を追えない状態になっていました。

　私は，海外の事業者から仕入れたときに，仕入れの代金も支払っていますので，もし，商品の販売を止めれば，商品を仕入れた金額分，私が損をすることになります。私が製作したものではなく，勝手にデザインを利用したものであることを知らなかったので，私には責任がないと思い，林さんから連絡を受けた後も，販売を停止せよ，などとは言われなかったので，数か月は，販売は続けました。

　しかし，林さんから，すごい剣幕で連絡がありました。「まだ売っているなんて，販売事業者としておかしい！」などと，かなりきついことを言われました。私も，少し頭にきて「名誉棄損ですよ。」と言ってしまいました。ただ，私も，トラブルを起こしたいわけではないので，その後，販売を止めました。

　私は，普通に販売されている商品を購入し，それを販売しただけです。普通

に販売されていれば，勝手にデザインを盗用したものだとは思いません。私は，知らなったのですから，謝罪する義務もないと思いますし，ましてや，私だって損をしているのですから，林さんに対してお金を払うことなどするつもりはありません。私は，家計の足しになればと思って始めたネット販売でしたので，こんなことになるなんて，本当に運が悪いです。林さんが謝罪をしてほしいと思うなら，私の仕入先の業者や，実際に製造した業者に対してすべきです。はっきり言って，私は，とばっちりを受けています。

【ロールプレイでの役作りのポイント】

　最初は，自分には全く責任がなく，完全に言いがかりだ，むしろ自分が仕入先事業者との関係では被害者である，という点を強調する様子で関わる。ただ，弁護士側から丁寧に法的な責任の可能性の説明を受けた場合には，販売継続に関しては，自分にも非があったのではないか，という問題に向き合うことができるようになる。とはいえ，当初の販売行為には，自分に非がある可能性がある，ということには，なかなか納得ができない。相手の態度が，とても高圧的であったことに対して，なぜ，そこまで言われなければいけないのか，という様子は変わらない。

§5 各ケースの振り返りのポイント

▶1 【ケース1】──離婚事案

【1】 クライアントのニーズや問題構成について

　① 離婚のような事案では，経緯，事実関係など，何をどこからどのように聴くのがよいか，十分に事情を聴くということはどのようなことか。

　② ①のために，弁護士役は，どのような努力や工夫をしていたか，どのようなスキルを利用していたか。

　③ ①に対して，弁護士はどのようなことを語っていくことになったか。クライアントの激しい感情や，揺れ動く気持ちにどのようにアプローチしていたか。

【2】 法的な問題点について

　① 離婚原因という問題について，どの程度，焦点を当てた質問をしていたか。

② 子の監護にまつわる問題について，どの程度，事実関係を聴き取ること
　ができていたか。

③ 夫が持ち出した預貯金についての処理のあり方について，どのように対
　応したか。

【3】 選択肢の探求

① クライアントが現在抱えている問題，意向，感情を手掛かりに，多角的
　に考えてもらうための場づくりができていたか。

② クライアント自身が，現時点の状況を前提に，自らの方向性を見出して
　いく経過に，どのように関わっていったか。

【4】 意思決定について

① 離婚のような事案におけるクライアントの意思決定のあり方は，どのよ
　うなものか。

② 1回的な相談でなし得ることの限界を考えてみる。継続的に考えてもら
　うことの意義や課題は何か。

▶2 【ケース2】──相続事案

【1】 クライアントのニーズや問題構成について

① 弁護士役は，クライアントの抱いている感情をていねいに聴いて，その
　こだわりや要求を明確化するように努めていたか，クライアントは自由に
　気持ちを述べることができたか。

② ①のために，弁護士役は，どのような努力や工夫をし，あるいはスキル
　を使っていたか。

③ クライアントによる問題構成を明らかにし，それが相談の中で，しっか
　りと位置づけられていたか。

④ クライアントの無理と思われる要求について，どのような態度が取られ
　ていたか。

⑤ この段階にどのくらいの時間があてられていたか。

⑥ 弁護士側で話を遮ったり，早い段階で法的な見解を述べてしまうという
　ことはなかったか。

⑦ 弁護士側からの質問は，法的情報の収集にとらわれないで行われていた
　か。

【2】 法的な問題点について

① 相続についての基本的な考え方の説明ができたか。

② 遺言書の有効性を，現物をチェックしてしっかり確認できたかどうか。

③ 遺言書のこれからの取り扱い，とくに検認（民法1004条）の手続について説明ができたか。

④ 遺留分制度の説明とその趣旨について，わかりやすく，またクライアントの納得が得られる形で説明ができたか。

⑤ 具体的な相続分の計算や考え方の説明ができたか。

⑥ 寄与分についての考え方と具体的な割合をどう考えるかについて十分な説明ができていたか。

⑦ 以上の説明がクライアントによく伝わっていたかどうか。

【3】 選択肢の開発について

① 法的問題点の説明をクライアントがどのように受け止めていたか，しっかりと弁護士役が問題状況を認識できていたか。

② 不動産売却の可否について，クライアントに必要性の有無，メリット・デメリットなどを考える機会を十分に提供できていたか，そのために必要な情報は与えられていたか。

③ クライアントが自分の気持ちどおりにはいかないことを踏まえ，現実的な選択を考えていくために弁護士役はどのような関わり方をしていたか。

【4】 意思決定について

① どのような形で意思決定に至ったか，複数の選択肢はあったか。

② クライアントは，弁護士役から一定の結論を押しつけられたりすることはなかったか。

③ 実際にクライアントの意思をどのように実現するかについて，話し合いが行われたか。

▶3 【ケース3】──著作権事案

【1】 クライアントのニーズや問題構成について

① クライアントAの怒りを受け止められていたか。具体的には，相手方に対する怒り，社会的にも知的財産が軽視されることへの理不尽さについての怒りについて。

② クライアントAの，Bに謝罪して欲しい，損害賠償を請求したい，というニーズを具体的にどのように受け止めていたか。

③　クライアントBの不満を受け止められていたか。具体的には，本来の加害者は仕入先であること，自らも損害を被っていることについて。

④　クライアントBの責任の認識について，どのような対応・説明があったか。それによって，B本人の認識にどのような変化があったか。

【2】　法的な問題点

①　前提として，自らが複製していない場合の有償譲渡でも著作権法違反に該当する可能性。差し止めの対象となり（著作権法112条1項），刑事罰も定められていること（同法119条1項，親告罪）。

②　クライアントBの過失の有無について。

③　損害額算定方法について（同法114条1項・2項）。

【3】　選択肢の探求

①　謝罪の要求について，どのように対応したか。

②　法律的な問題点の説明は，クライアントの思考にどのような影響を与えたか。

③　具体的な損害賠償の請求手続を進める場合の方法は，具体的に提示がされたか。

【4】　意思決定

①　現実に請求し得る損害額と，感情的な面での食い違いについて，クライアントの中で，どのような受け止めをしたか。

②　意思決定に際して，弁護士側の意見のどの部分が役割を果たしたか。あるいは，果たさなかったか。

信頼関係の形成

	態度や会話	
	プラス面	マイナス面
視線の合わせ方		
身体言語		
声の調子・言葉使い		
言語的追跡		
その他全　般		

▶観察者用振り返り表2

よく話を引き出す質問かどうか

※具体的発言または使い方について場面に留意して記入してください。

	質　　問	
	プラス面	マイナス面
開かれた質問		
閉ざされた質問		
理由を聞く質問		
誘導質問		
その他 全　般		

よく話を聴いているかどうか

※具体的発言または使い方について場面に留意して記入してください。

	傾 聴 技 法	
	プラス面	マイナス面
うなづき・ あいづち		
くり返し・ 言い換え		
要　　約		
沈　　黙		
感情の反映		
その他 全　　般		

積極技法・選択肢の開発・意思決定

※具体的発言または使い方について場面に留意して記入してください。

	傾 聴 技 法	
	プラス面	マイナス面
焦点化		
対　決		
I メッセージ		
助言・指示		
選択肢の開発・意思決定		
その他全　般		

あとがき

　本書の初版を発行してから16年が経過した。この間，法科大学院教育も，様々な改変を経て，実務基礎教育については，揺り戻しとも言える状況に至っている。しかし，カウンセリング技法を基盤として構成された本書については，法科大学院教育に限らず，隣接法律職も含め実務の中でのクライアントとのかかわりのヒントとなる知見が盛り込まれていると自負している。

　本書で参考にしたマイクロ・カウンセリングの技法については，中村，和田のそれぞれが独自に関心を持ち，当初は各々の仕事の中で別個に検討を行っていた。マイクロ・カウンセリングは，いわゆる心理臨床的なカウンセリング理論というよりは，対人援助職一般に応用可能なスキルの束として提起されているものであり，すでに医学教育の領域では，患者との面談技法教育の中に取り入れられていたのである。中村は，弁護士としての業務の中で，カウンセラーと共同で法律相談を受けるなど，実務の中にマイクロ・カウンセリングの技法を導入しようと試みてきた。和田は，法科大学院教育のカリキュラム構成や，弁護士＝依頼人関係をめぐる理論的研究の中で，マイクロ・カウンセリング技法の導入の可能性を探っていた。そこで，双方の知見を統合し，協働することでひとつのモデルを提示していこうとしたのが，本書の初版であった。もちろん，弁護士の面談スキルとして導入する場合には，実践的要請に適合する形に，カウンセリング・スキルを修正しなければならないことは当然であり，本書も，そうした共通の理解をベースにしながら，独自の観点で，まったく新たに構成されたスキル・モデルの提示を試みようとするものにほかならない。

　その後，様々な感想や示唆をいただく中で，今回の新版では，執筆陣を増強し，新しいトピックについても章を割き，あるいは従前の内容に補足して解説することとした。具体的には，隣接法律職におけるリーガル・カウンセリングの意義，リーガル・カウンセリングにかかわる倫理問題，心理的に困難を抱えたクライアントへの対応などの項目である。これによって，本書の扱う範囲も，実践的意義も格段に充実したものとなったと思われる。

　本書が，法科大学院におけるロイヤリング教育や，法専門家へのリーガル・カウンセリング・トレーニングの今後の展開，議論の深化，教育の有効性向上に，少しでも貢献できれば望外の幸せである。

　2022年6月

和田　仁孝

中村　芳彦

❖参考文献ガイド

1 __ ロジャーズのカウンセリング論

▶ブライアン・ソーン（諸冨祥彦監訳）『カール・ロジャーズ』コスモス・ライブラリー，2003年

　カウンセリングの領域におけるカール・ロジャーズの影響は，それを抜きにしては今日のカウンセリングを語れないほどである。文献についても，ロジャーズの著作集のほか，様々な理論書，解説書がある。本書は，その中で比較的新しく，ロジャーズの全体像を把握するのに有益な入門書といえよう。

2 __ ナラティヴ・セラピー

▶アリス・モーガン（小森康永・上田牧子訳）『ナラティヴ・セラピーって何？』金剛出版，2003年

▶シーラ・マクナミー／ケネス・J・ガーゲン編（野口裕二・野村直樹訳）『ナラティヴ・セラピー——社会的構成主義の実践』金剛出版，1997年〔改訳版：遠見書房，2018年〕

　ナラティヴ・セラピーは近年，その出自である家族療法の領域に留まらず，医療や，コミュニティ・ワークの領域でも注目され，多数の文献が出版されている。また，セラピーという名称にもかかわらず，哲学・社会学・人類学・心理学・言語学など，様々な領域との影響・交錯関係も見られる。ポストモダン論や社会構成主義の社会理論としても興味があり，またその実践への応用可能性の例でもある。前者は，そのわかりやすい入門書であり，後者は，ナラティヴ・セラピーの提唱者達の論稿を集めた論集である。

3 __ マイクロ・カウンセリング

▶アレン・E・アイヴィ（福原真知子ほか編訳）『マイクロカウンセリング——"学ぶ—使う—教える"技法の統合：その理論と実際』川島書店，1985年

　本書の技法論のベースは，マイクロ・カウンセリングである。これについても近年，多数の文献が出版されている。本書は，マイクロ・カウンセリングの提唱者であるアレン・E・アイヴィによる理論書である。マイクロ・カウンセリングについて，本格的に勉強しようとする場合には欠かせない古典というべきである。

▶斎藤清二『はじめての医療面接——コミュニケーション技法とその学び方』医学書院，2000年

　医学教育の領域では，法律領域に先立ち，専門家（医療者）による面談技法についての教育のあり方が検討されてきている。本書は，そのパイオニアのひとりである斎藤清二教授により，マイクロ・カウンセリングの技法をベースに医療面接の技法教育テキストとして書かれたものである。異なる領域ではあるが，専門家—素人コミュニケーショ

ンのテキストとして参考になる。

4 __ 法律相談／ロイヤリング関係

▶加藤新太郎編『リーガル・コミュニケーション』弘文堂，2002年

　法律家による面談，助言について書かれた最初の文献である。面談の具体的な技法や
カウンセリング的アプローチよりも，法実務的観点が強い。また，裁判官の執務におけ
るコミュニケーションも網羅している。

▶『21世紀の法律相談──リーガルカウンセリングの試み』〔現代のエスプリNO.415〕至
　誠堂，2002年

　リーガル・カウンセリングの実践的技法というより，それに関わる諸問題を議論する
理論的論文集である。法律学者と心理学者の協働による諸論稿を収めている。

▶名古屋ロイヤリング研究会『実務ロイヤリング講義〔第2版〕』民事法研究会，2009年

　事実情報調査，交渉などロイヤリングの諸領域を網羅するテキストであり，その中で，
一部面談の技法を扱っている。カウンセリング的技法の詳細な検討はないが，法実務的
な観点からのロイヤリングの標準的テキストということができよう。

▶菅原郁夫・岡田悦典編『法律相談のための面接技法──相談者とのよりよいコミュニケ
　ーションのために』商事法務，2004年

　弁護士面接の技法について，より詳細に検討し，また具体的な例などを挙げながら解
説した文献である。章ごとに，ややニュアンスの違いが見られるが，面談技法の本格的
なテキストとして有益である。

▶菅原郁夫・下山晴彦 編『実践・法律相談──面接技法のエッセンス』東京大学出版会，
　2007年

　法律相談における重要な技法の解説や流れの説明のほか，多様な問題を含む事例の検
討，ロールプレイ事例なども収載し，バランスの取れたテキストである。

▶波多野二三彦『カウンセリング読本』信山社，2003年

▶波多野二三彦『リーガルカウンセリング──面接・交渉・見立ての臨床』信山社，2004
　年

　弁護士である著者の内観法を用いた少年事件をはじめとする様々な領域での対応のあ
り方，面接の意義や方法について，経験に基づきまとめた著作である。

▶岡田裕子編著『難しい依頼者と出会った法律家へ──パーソナリティ障害の理解と支援』
　日本加除出版，2018年

　情緒不安定，高飛車な態度をとる，疑い深いなど，感情・思考・対人関係に問題を抱
える難しいクライアントのカウンセリングに困り果てた経験を持つ法律家を対象にクラ
イアント理解・支援を基軸にした実践書。

▶人名・事項索引

❖著者紹介〔執筆分担は目次に記載〕

中村　芳彦　（なかむら・よしひこ）
　　　弁護士〔法律事務所リエゾン〕

和田　仁孝　（わだ・よしたか）
　　　早稲田大学大学院法務研究科教授，日本医療メディエーター協会代表理事

石田　京子　（いしだ・きょうこ）
　　　早稲田大学大学院法務研究科教授

岡田　裕子　（おかだ・ゆうこ）
　　　公認心理師／臨床心理士〔神楽坂ストレスクリニック〕，法曹有資格者〔司法修習
　　　46期／元弁護士〕

早坂由起子　（はやさか・ゆきこ）
　　　弁護士〔さかきばら法律事務所〕

リーガル・カウンセリングの理論と臨床技法
Theory and Clinical Skills on Legal Counseling

2022年 8 月10日　初版第 1 刷印刷
2022年 8 月20日　初版第 1 刷発行

　著　者　　中村芳彦・和田仁孝・石田京子
　　　　　　岡田裕子・早坂由起子

　発行所　　（株）北大路書房
　　　　　　〒603-8303　京都市北区紫野十二坊町12-8
　　　　　　電　話　（075）431-0361（代）
　　　　　　Ｆ Ａ Ｘ　（075）431-9393
　　　　　　振　替　01050-4-2083

　企画・編集　　秋山　泰（出版工房ひうち：燧）
　組　版　　華洲屋（kazu-ya）
　装　丁　　上瀬奈緒子（綴水社）
　印刷・製本　　（株）太洋社

ISBN 978-4-7628-3202-4　C3032　Printed in Japan ©2022
検印省略　落丁・乱丁本はお取替えいたします。

和田仁孝・中村芳彦・山田恵子・久保秀雄　共著

ADR／メディエーションの理論と臨床技法

A5判・横組み・並製　カバー巻　184頁　定価（本体2,400円＋税）【2020年刊】
ISBN 978-4-7628-3130-0　C3032

　本書は，日本の様々なADR（しいて言えば「裁判外紛争処理手続」）機関（裁判所調停から民間ADRまで）において，実務に携わっている方，また，将来の実務にかかわる可能性のある方に向けて，背景，考え方，基礎理論をふまえ，法実務の臨床的技法を解説する実践型入門テキストである。

　法律家も誤解しやすいADRの基本的概念を説きながら，なぜわが国では海外と異なる法的なADR定義がとられているのか，その背景を理解したうえで，そこで参考になる海外のメディエーションの理論とスキルが，どういう意味で，どの範囲で，わが国のADR実務に有益でありうるのかを検証・説明し，ロールプレイ課題へと導く。いわば，英米のメディエーション（対話促進型調停）と，わが国のADR実務の融合的活用のあり方を示す書である。

　なお，第7章では，ロールプレイによる学習のための事案教材を提案する。

・・・・・・・・・・・・・・・・・・・・・・・・・・・・・ 目次 ・・・・・・・・・・・・・・・・・・・・・・・・・・・・・

北大路書房